4차 산업혁명 시대의 반도체 비즈니스

4차 산업혁명 시대의 반도체 비즈니스

지은이 | 권영화
펴낸이 | 一庚 張少任
펴낸곳 | 도서출판 답게
초판 인쇄 | 2021년 7월 15일
초판 발행 | 2021년 7월 20일
등 록 | 1990년 2월 28일, 제 21-140호
주 소 | 04975 서울특별시 광진구 천호대로 698 진달래빌딩 502호
전 화 | (편집) 02)469-0464, 02)462-0464
(영업) 02)463-0464, 02)498-0464
팩 스 | 02) 498-0463
홈페이지 | www.dapgae.co.kr
e-mail | dapgae@gmail.com, dapgae@korea.com
ISBN 978-89-7574-332-0

나답게·우리답게·책답게

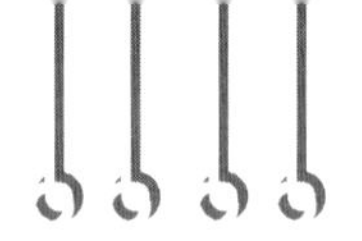

4차 산업혁명 시대의 반도체 비즈니스

저자 권영화

누가 반도체 비즈니스에서 승리할 것인가?
주요 글로벌 반도체 기업들의 생생한 현장의 상황을 전달한다.

4차 산업혁명 시대, 글로벌 반도체 기업들의 활약이 기대되고 있는 가운데
파운드리, 팹리스와 OSAT 기업 등과 같은 전문기업들의 활약이 더욱 두드러지고 있다.

도서출판 답게

| 프롤로그 |

최근 한국의 반도체 산업은 전 세계의 주목을 받고 있다. 과거 한국은 거의 황무지에 가까울 정도로 반도체 비즈니스를 시작하기도 어려운 환경이었다. 40년 전만 해도 한국은 반도체 비즈니스를 하기 위한 기술뿐만 아니라 필요한 인력, 경험 그리고 산업생태계 등 거의 모든 조건이 최악의 상황이었다. 그런데도 많은 사람들이 피나는 노력을 기울인 결과 지금 한국은 메모리반도체 분야에서 최고의 강국으로 떠오르게 되었다. 이것은 정말 놀라운 사실이며 거의 기적에 가깝다고 말할 수 있다. 나는 이런 부분이 많은 국가뿐만 아니라 기업들에 모범사례가 되어 한국의 반도체 산업의 성공사례를 많은 곳에서 배우려고 관심을 두는 것으로 생각한다. 하지만 한국은 아직 반도체 분야의 최고의 강국이라고 할 수 없다. 메모리반도체 분야보다는 시스템반도체 분야의 시장이 약 2배 이상 더 크고 지금까지도 이 분야에서 한국의 입지가 매우 약한 상황이기 때문이다. 메모리반도체 분야는 대기업들의 과감한 투자와 피나는 노력에 힘입어 크게 성장할 수 있었지만, 시스템반도체 분야는 그동안 많은 기업들이 여러 가지 여건상 소홀했었다. 더욱이 지금 중국 정부의 각종 지원으로 중국의 반도체 기업들은 눈부시게 성장하고 있을 뿐만 아니라 한국 반도체 기업들에 큰 위협이 되고 있다. 중국은 시스템반도체 분야에서 빠르게 성장하고 있으며 메모리반도체 분야에서도 점차 추격의 속도를 높이고 있기 때문이다. 그나마 다행인 것은 최근 한국이 시스템반도체 분야에서 조금씩 성장세를 이어 나아가고 있는 모습을 보인다는 점이다. 물론 여전히 가야만 할 길이 멀지만 이제까지 메모리반도체 분야에서 진행해온 노력을 시스템반도체 분야에도 기울일 수만 있다면 우리나라의 시스템반도체 분야의 전망도 밝다고 본다.

지금 우리는 4차 산업혁명이라는 격변의 시대를 맞이하고 있다. 따라서 앞으로 우리 생활의 많은 부분이 지금까지의 모습과 크게 달라질 것으로 예상된다. 그리고 4차 산업혁명이 서서히 진전됨에 따라 반도체 수요도 점차 커지고 있는 양상이다. 예를 들면 AI(Artificial Intelligence), IoT(Internet of Things), 자율자동차(Autonomous Car), 스마트산업(Smart Industry) 등과 같이 기존의 이미 존재하고 있는 시장 이외에도 새로운 시장들이 조금씩 열리고 있다. 따라서 반도체 산업의 전망은 지금까지보다 앞으로가 더 밝다고 말할 수 있다. 나아가 반도체 기술의 지속적인 발전 없이는 4차 산업의 발전도 기대하기 어렵다. 그만큼 반도체 기술은 4차 산업을 이끌어가는 데 있어 필요한 동력이라 할 수 있다.

지금 한국의 경제는 반도체 산업에 크게 의존하고 있다. 한국경제에서 20% 정도를 반도체 산업이 차지하고 있기 때문에 반도체 산업의 성장이 없이는 어려운 한국경제도 더 버티기 힘들 정도다. 따라서 최근 정부에서도 반도체 산업을 더욱 육성하기 위한 다양한 지원정책들을 세우고 있다.

요즘 반도체 시장의 주요 특징은 점차 자본이 기업들의 성장에 중요한 역할을 하고 있다는 점이다. 얼마만큼 다른 기업보다 먼저 선폭 미세화 기술에 자본을 투자할 수 있는가에 따라 시장에서의 경쟁력이 생기기 때문이다. 그런데 문제는 과거보다 미세화 기술에 투자해야만 하는 비용이 천문학적으로 증가하고 있다는 점이다. 그렇다 보니 자본이 많은 기업들은 미세화 기술에 더 많은 자본을 투자하여 경쟁력뿐만 아니라 시장의 주도권을 가지게 되지만, 자본이 부족한 기업들은 더욱 시장에서 도태될 수밖에 없는 상황이 되어가고 있다. 뿐만 아니라 자본이 부족한 기업들은 자본이 풍부한 다른 기업에 인수합병이 되거나 도산하게 되는 경향이 있다.

한편 기존 반도체 관련 서적들은 대부분 기술 분야에 치중한 부분이 적지 않았다. 그렇다 보니 일반 사람들이 반도체 산업을 멀리하게 되는 결과를 가져오게 되었다고 생각한다. 실제로 반도체에 대해 아는 게 거의 없는 일반 사람들에게 반도체 기술은 용어 자체에서부터 이해하기 어려운 부분이 많다는 것을 나 자신도 많이 느끼고 있다. 따라서 이 책은 일반 사람들도 쉽게 이해할 수 있을 정도로 기술 분야를 최대한 배제하고 쉽게 쓰려고 노력하였다. 물론 반도체 분야는 기술발전이 산업을 이끌어가고 있기 때문에 기술은 반도체 산업에서 중요한 부분이지만 비즈니스 측면도 무시할 수 없는 요소다. 아무리 기술이 뛰어나도 비즈니스로써 거래가 이루어지지 않는다면 반도체 산업은 유지되기 어렵기 때문이다. 따라서 이 책에서는 기술 분야에 치중하는 것이 아니라 철저하게 비즈니스 측면에서 반도체 시장을 바라보려고 노력을 하였다. 참고로 나는 과거 반도체 관련 기업에 10년 정도 근무하였으며 반도체 비즈니스 분야로 박사학위를 받았다. 뿐만 아니라 박사학위를 받고도 20편의 반도체 비즈니스 분야의 논문을 발표하였다. 이런 과정에서 반도체 비즈니스 분야에 대해 어느 정도 식견을 갖출 수 있었다. 하지만 나는 논문으로만 발표하다 보니 많은 사람들이 읽는 데 한계가 있을 수밖에 없었기 때문에, 책으로 낸다면 더욱더 많은 사람이 읽을 기회를 갖게 될 것이라는 생각으로 책을 집필하게 되었다. 책의 내용도 주요 반도체기업들의 비즈니스 현황과 반도체 산업의 전반적 상황을 위주로 구성하였다.

아무쪼록 반도체 분야의 종사자들, 반도체 분야를 공부하고 있는 학생들, 반도체 분야에 관심이 있는 일반인들에게 반도체 비즈니스를 이해하는 데 많은 도움이 되길 바라는 마음이다.

마지막으로 부록에서 반도체 기업에 종사하는 사람들을 대상으로 총 2회의 인터뷰를 시행하였다. 실제 반도체 산업의 현장에서 근무하는 사람들을 대상으로 진행하였기 때문에 독자들이 반도체 비즈니스에서 발생하고 있는 현장의 생생한 목소리를 느낄 수 있으리라 생각한다.

2021년 초여름에

| 목 차 |

제1장
반도체 비즈니스 개요

1. 최근 반도체 비즈니스 현황

2. 반도체 비즈니스 유형

3. 국가별 반도체 비즈니스 현황

4. 반도체 비즈니스에서 미세화와 전문기업들의 상관관계

제1장

반도체 비즈니스 개요

한국에서 대기업들이 메모리반도체 사업에 본격적으로 뛰어든 것은 1983년부터다. 당시 미국과 일본의 반도체 기업들이 시장의 대부분을 점유하고 있었다. 이때부터 한국은 반도체 산업의 중요성을 인식하고 사업을 본격적으로 시작하게 되었다. 비록 한국은 반도체 사업을 시작하기에는 모든 상황이 열악한 상태였지만, 그럼에도 불구하고 점차 시장에서 지위를 확보해 나아가기 시작하였다.

원래 반도체 산업은 미국에서 처음으로 시작되었다. 1980년대 초반까지만 하더라도 미국의 반도체 기업들이 시장의 대부분을 점유하고 있었으나, 점차 일본의 반도체 기업들에 밀리기 시작하면서 1980년대 후반부터 1990년대 초반까지는 일본의 반도체 기업들이 대부분의 시장을 점유하였다. 그 후 1990년대 초반부터 한국의 반도체 기업들이 세계시장에서 존재감을 나타내기 시작하였다.

지금은 미국이 반도체 시장의 많은 분야에서 리드하고 있으며 일본은 반도체 시장에서 존재감을 잃고 말았다. 반면 한국은 메모리반도체 시장에서 최고 강자로 자리매김하였지만, 중국이 새로운 강자로 떠오르고 있는 상황이다.

앞으로 반도체는 4차 산업을 이끌어가는 주요 동력이다. 즉 반도체 기술이 없다면 4차 산업의 발전도 불가능해진다. 따라서 앞으로 반도체 비즈니스는 4차 산업의 발전에 따라 전망이 매우 밝다고 할 수 있다.

1. 최근 반도체 비즈니스 현황

반도체 비즈니스는 국경이 따로 없다. 따라서 어떤 반도체 제품이라도 전 세계를 대상으로 판매를 할 수 있는 대신 그 만큼 기업 간 경쟁도 매우 치열한 편이다. 그리고 반도체 비즈니스는 호황과 불황에 따라 등락을 반복하지만, 장기적으로 보면 지속해서 성장하는 산업이다. 새로운 적용 분야(Application)가 계속해서 생겨나기 때문이다. 그리고 반도체 비즈니스의 성패 요인 중 가장 중요한 부분은 기술력이라고 할 수 있다. 하지만 아무리 기술력이 있더라도 시장의 트렌드를 잘 읽지 못하면 성장은커녕 큰 손해를 볼 수도 있다. 따라서 기술력을 바탕으로 시장의 트렌드를 볼 수 있어야만 비즈니스에서 성과를 가져올 수 있다.

반도체는 크게 메모리반도체와 시스템반도체로 나뉘어질 수 있다. 메모리반도체는 주로 저장의 용도로 사용되는 반도체며 시스템반도체는 메모리반도체를 제외한 나머지 반도체를 말한다. 반도체 시장은 메모리반도체보다 시스템반도체 시장의 규모가 2배 이상 크다. 그리고 메모리반도체보다는 시스템반도체의 구조가 더 복잡하여 더욱더 높은 기술력이 요구된다.

〈표 1〉 메모리반도체와 시스템반도체 비교

	메모리반도체	시스템반도체
시장구조	· 범용 양산 시장 · D램, S램 등 표준 제품중심 · 경기변동에 민감	· 응용분야별 특화 시장 · 유무선통신, 정보기기, 자동차 등 용도별로 다양한 품목 존재 · 경기변동에 상대적으로 둔감
생산구조	· 소품종 대량생산	· 다품종 소량생산
핵심 경쟁력	· 설비투자 및 자본력 · 미세공정 등 하드웨어 양산 기술을 통한 가격경쟁력	· 설계기술 및 우수인력 · 설계 및 소프트웨어 기술을 통한 시스템 기능 · 타 업체와 성능 및 기능 위주 경쟁
사업구조	· 대기업형	· 중소기업, 벤처기업형
참여 업체의 수	· 소수 - 높은 위험부담으로 인해 참여 업체의 수가 제한적	· 다수 - 비교적 위험부담이 낮아 참여 업체의 수가 많고 종류가 다양

자료: KBD산업은행

한국은 메모리반도체 분야에서 강자지만 시스템반도체 분야에서는 약자다. 따라서 진정으로 반도체 시장의 강국이 되기 위해서는 시스템반도체 비즈니스의 규모를 확대해야만 한다. 이런 이유로 최근 삼성반도체는 시스템반도체 비즈니스를 확대하기 위해 비전을 선포하기도 하였다. 메모리반도체는 시스템반도체보다 설계가 비교적 간단하지만, 일반적으로 많은 자본이 요구된다. 그리고 보통 대규모로 생산하기 때문에 대기업에서 진행하기 수월한 비즈니스다. 하지만 시스템반도체는 다품종 소량생산을 위주로 하므로 중소기업에 적합한 비즈니스다(물론 최근 많은 팹리스 기업들이 대기업 수준으로 규모가 확대되고 있다). 그리고 메모리반도체 비즈니스는 보통 IDM(Integrated Device Manufacturer) 기업에서 하는 것이 일반적이다(물론 메모리반도체를 설계만 전문적으로 하는 팹리스 기업들도 존재하지만, 그 수는 많지 않다). 하지만 시스템반도체의 경우 보통 팹리스(Fabless) 기업이 파운드리(Foundry) 기업을 통해 생산하는 경우가 일반적이다.

최근 반도체의 미세화 공정이 5nm(1nm는 10억분의 1m)까지 진전됨에 따라 반도체 제조 비용이 기하급수적으로 높아지게 되었다. 따라서 이런 비용을 감당할 수 있는 기업은 현재로서는 그다지 많지 않다. 이로 인해 많은 IDM 기업들이 제조공정의 미세화를 포기하고 직접 생산보다 파운드리를 활용하는 팹라이트(Fab-Lite)를 선언하거나 팹리스 기업으로 전환하게 되었다. 굳이 엄청난 비용이 드는 팹을 가지고 있지 않더라도 파운드리를 통해 얼마든지 대량의 물량을 생산할 수 있기 때문이다.

지금 양산 중인 5nm 공정은 주로 휴대폰에 들어가는 AP(Application processor)에 적용되고 있다. 이런 공정을 진행하는 기업은 삼성파운드리와 TSMC 단 두 개 기업들뿐이다. 이렇게 미세화를 진행하는 이유는 미세화할수록 제품의 성능 개선, 발열과 소비전력 감소, 비용과 칩 크기가 줄 수 있기 때문이다.

지금 반도체 산업을 보면 큰 성장을 이루고 있는 것을 볼 수 있다. 반도체 시장이 성장하는 이유는 기존 시장이 없어지더라도 새로운 시장이 지속해서 더 많이 생겨났기 때문이다. 이처럼 새로운 시장이 생겨나는 가운데 이런 변화에 적절하게 대응하지 못한 기업들은 그 동안 시장에서 사라지기도 하였다. 그렇기 때문에 기술력이 아무리 뛰어난 기업이라 하더라도 새로운 시장의 변화에 둔감한 기업들은 생존이 어렵다. 특히 반도체 시장은 다른 산업에 비해 시장의 생명주기(Life Cycle)가 매우 짧은 편이다. 반도체가 들어가는 전자제품의 소비자 취향이 무서운 속도로 변화하여 이에 맞추어 반도체의 사양뿐만 아니라 아예 제품 자체가 바뀔 수도 있기 때문이다. 지금 어느 한 시장에서 잘 나가고 있다고 하더라도 그 시장이 영원할 수는 없다. 따라서 새롭게 변화되는 시장에 얼마나 적절하게 대응할 수 있느냐에 따라 반도체 기업의 생존이 달려있다고 해도 과언이 아니다.

아래 〈표 2〉는 파운드리 기업을 제외한 전 세계 반도체 기업들의 순위를 나타내고 있다. 미국의 인텔이 65,793백만 달러로 1위를 차지하고 있다. 한국의 삼성반도체가 52,214백만 달러로 2위를 점유하고 있다. 2018년 메모리반도체 비즈니스의 호황으로 삼성반도체가 1위를 기록하였으나 2019년 다시 인텔이 1위 자리를 되찾게 되었다. 한국의 SK하이닉스가 22,478백만 달러로 3위를 기록하고 있으며 4위는 미국의 마이크론 테크놀로지로 20,056백만 달러를 차지하고 있다. 여기에서 주목할 점은 1위 인텔을 제외한 나머지 3개의 기업이 모두 메모리반도체 중심의 기업들이라는 점이다.

〈표 2〉 2019년 전세계 상위 10개 반도체 공급업체의 매출 순위

단위: 백만 달러

2019년 순위	2018년 순위	기업명	2019년	2019년 시장점유율 (%)	2018년	성장률 (%)
1	2	인텔	65,793	15.7	66,290	-0.7
2	1	삼성반도체	52,214	12.5	73,649	-29.1
3	3	SK하이닉스	22,478	5.4	36,240	-38.0
4	4	마이크론 테크놀로지	20,056	4.8	29,742	-32.6
5	5	브로드컴	15,293	3.7	16,261	-6.0

6	6	퀄컴	13,537	3.2	15,375	−12.0
7	7	텍사스 인스트루먼트	13,203	3.2	14,593	−9.5
8	8	ST마이크로 일렉트로닉스	9,017	2.2	9,213	−2.1
9	12	키옥시아 (도시바 메모리)	8,797	2.1	8,533	3.1
10	10	NXP반도체	8,745	2.1	9,022	−3.1
기타 (상위10개 기업 외)			189,169	45.2	195,713	−3.3
총계			418,302	100	474,631	−11.9

자료: 가트너, 2020년 1월

다음은 반도체가 사용되고 있는 분야에 대해 알아보도록 한다. 아래 〈표 3〉을 보면 반도체가 다양한 애플리케이션에 활용되고 있는 것을 알 수 있다. 1위로 반도체가 가장 많이 사용되고 있는 분야는 통신 분야로 1,360억 달러다. 2위는 컴퓨터 분야로 1,173억 달러고 3위는 가전 분야로 547억 달러다. 4위는 자동차 분야로 502억 달러고 5위는 산업용 분야로 489억 달러다. 마지막으로 6위는 정부로 52억 달러다. 2019년 경기 위축의 영향으로 2018년과 비교해 대부분 마이너스 성장을 기록하고 있다.

〈표 3〉 2019년 반도체의 최종 소비시장

최종 소비시장	통신	컴퓨터	가전	자동차	산업용	정부
연간 성장률(%)	−10.5	−18,7	−5.2	−6.9	−13.0	13.0
총액 ($ B)	136.0	117.3	54.7	50.2	48.9	5.2

자료: 미국반도체산업협회(SIA)

그럼 전 세계 반도체 시장에서 국가별로 차지하고 있는 반도체 시장 점유율에 대해 알아보도록 한다. 아래 〈표 4〉는 국가별 반도체 시장의 점유율을 나타내고 있다. 2019년 기준으로 1위는 미국이며 47%로 가장 높은 시장점유율을 기록하고 있다. 2위는 한국으로 19%의 시장점유율을 기록하고 있다. 메모리반도체의 수요부진으로 시장점유율이 떨어지고 있는 양상을 나타내고 있다. 3위는 일본과 유럽이 공동으로 10%의 시장점유율을 차지하고 있다. 일본은 과거보다 반도체 시장에서 존재감이 약화되고 있는 상황이다. 5위는 대만으로 6%의 시장점유율을 기록하고 있으며 6위는 중국으로 5%의 시장점유율을 기록하고 있다. 최근 중국은 반도체 굴기의 선언으로 국가에서 정책적으로 반도체 사업을 지원하고 있다.

〈표 4〉 국가별 반도체 시장의 점유율

(단위: %)

연도	미국	한국	일본	유럽	대만	중국
2010	48	14	20	9	7	2미만
2011	51	14	19	9	6	2미만
2012	51	15	18	9	6	2미만
2013	51	16	14	9	6	4
2014	51	17	12	8	7	4
2015	50	17	11	9	6	4
2016	48	17	11	10	7	5
2017	46	22	10	9	6	5
2018	45	24	9	9	6	5
2019	47	19	10	10	6	5

자료: IHS Markit, 미국반도체산업협회(SIA)

2. 반도체 비즈니스 유형

반도체 기업은 크게 아래 〈그림 1〉과 같이 IDM(Integrated Device Manufacturer) 기업, 팹리스(Fabless) 기업, 파운드리(Foundry) 기업과 OSAT(Outsourced semiconductor Assembly and Test) 기업으로 나눌 수 있다. IDM 기업은 설계, 제조, 패키징과 테스트까지 자체적으로 진행하는 기업이고, 팹리스 기업은 설계만 진행하는 기업이며 파운드리 기업은 제조만 진행하는 기업을 말한다. 그리고 OSAT 기업은 패키징과 테스트를 전문적으로 진행하는 기업을 말한다.

〈그림 1〉 반도체 Value Chain 및 기업유형

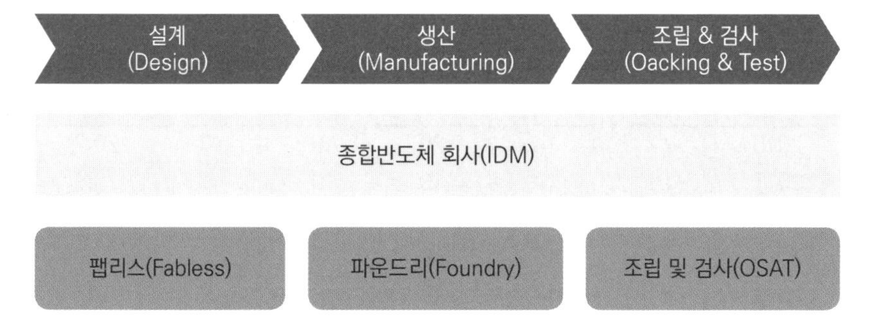

자료: 저자 작성

상기와 같이 분업화된 전문기업으로 나누어지게 된 결정적 계기는 대만의 반도체 기업인 TSMC의 역할이 매우 컸다. TSMC의 설립자인 모리스 장(Morris Chang)은 과거 TI(Texas Instruments)에서 오랫동안 근무한 경험이 있다. 당시 그는 많은 엔지니어가 자신의 사업을 하고 싶어 하였으나 반도체 비즈니스를 하려면 생산을 위해 엄청난 자본이 필요하다는 것을 알고 과감히 회사를 그만두고 자신들의 비즈니스를 시도하기 어려워하고 있다는 것을 알게 되었다. 따라서 그는 그들을 위해 제조만 해결해줄 수 있다면 분명 그들이 TSMC에 제조를 맡길 수 있을 것으로 판단하였다. 그래서 1987년 TSMC를 설립 후 비즈니스 모델을 반도체 위탁 제조업으로 진행하게 되었다(물론 그는 위탁제조업이 비즈니스 모델로 성공이 가능하다는 것을 검증하기 위해 다른 이론들을 적용해 보기도 하였다). 하지만 TSMC는 파운드리로 비즈니스 모델을 정하고 나서 고객인 IDM 기업이 그들의 고객들로부터 받은 물량을 도저히 해결할 수 없거나 보다 싼 비용을 위해 TSMC에 제조를 맡기는 경우 외에는 고객이 거의 없어 몇 년간은 어려움을 겪기도 하였다. 하지만 1990년대 초반 미국을 중심으로 팹리스 기업들이 조금씩 생겨나면서부터 그 기업들이 TSMC의 고객이 되어 주었다. 이에 따라 TSMC는 고객들로부터 주문량이 늘어나게 되어 점차 안정적으로 비즈니스를 영위할 수 있었다. 이때부터 파운드리와 팹리스 기업의 비즈니스 모델이 더욱 확고하게 자리를 잡기 시작하였다.

과거 1980년대까지 대부분의 반도체기업은 IDM 기업이었다. 과거에는 지금과 같이 반도체를 제조하는 데 있어 비용이 크게 들지 않았다(물론 과거에도 비용이 많이 들긴 하였지만, 지금과 같은 천문학적 비용이 들지는 않았다는 말이다). 제조공정에서 미세화의 진전은 점차 팹에 대한 투자 비용이 커지게 만들었으며 결국 많은 IDM 기업들이 반도체 비즈니스를 진행하기 더욱더 어렵게 되었다. 따라서 팹에 대한 투자를 포기하고 생산을 파운드리 기업에 맡기는 팹라이트 현상이 더욱 심해지게 되었다. 이에 따라 시간이 지나갈수록 IDM 기업의 숫자는 점차 줄어드는 추세라고 할 수 있다.

반면 팹리스 기업은 제조에 따른 큰 비용을 부담할 필요가 없이 사업을 진행할 수 있기 때문에 이점이 큰 비즈니스 모델이다. 특히 팹리스는 칩 디자인에 혁신의 노력을 집중할 수 있기 때문에 제품혁신에서 이점을 가질 수 있다.1)

따라서 전 세계적으로 팹리스 기업들이 많이 생겨나는 추세다. 특히 IDM 기업이 팹리스 기업이 되거나 하드웨어와 소프트웨어 기업인 애플이나 구글과 같은 기업들이 자체적으로 칩을 설계하는 경우가 늘어남에 따라 팹리스 기업이 더욱 증가하고 있는 양상이다. 이에 따라 파운드리 기업도 성장하고 있다. 기본적으로 팹리스 기업의 매출이 늘거나 새로운 팹리스 기업들이 생기게 되면 파운드리 기업은 수혜를 입게 되는 구조가 된다. TSMC와 삼성파운드리의 두 파운드리 기업들은 전 세계 파운드리 매출의 70% 정도를 차지하고 있다. 이들 기업은 현재 미세공정을 5nm까지 진행하고 있기 때문에 스마트 폰의 핵심부품인 AP(Application Processor)를 설계하는 많은 고객을 확보하고 있다. 나머지 파운드리 기업들은 최상위공정 팹에 대한 투자가 어려울 뿐만 아니라 고가의 EUV(Extreme Ultra Violet) 장비 구매를 할 수 없어 7nm 이하의 미세공정에 대해 거의 투자를 포기한 상태다(7nm 이하의 칩을 생산하기 위해서는 EUV 노광장비 구매가 필수며 EUV 장비는 대당 2천억 원 정도다).

1) Namchul Shin, Kenneth L. Kraemer and Jason Dedrick, “R&D and firm performance in the semiconductor industry”, INDUSTRY AND INNOVATION, 2017, VOL. 24, NO. 3, 280p.

OSAT 기업 순위에서 1위는 대만의 ASE고 2위는 미국의 앰코테크놀로지며 3위는 중국의 JCET다. OSAT 기업은 후공정의 특성상 수요가 많은 반도체 생산거점을 중심으로 확장하는 경향이 있다. 따라서 TSMC와 UMC의 주요 생산거점이 있는 대만이 가장 높은 비중을 차지하고 있으며 그다음은 중국이 높은 비중을 차지하고 있다. 패키징 산업의 발전은 메모리반도체보다는 시스템반도체와 더 관련이 있다고 볼 수 있다. 시스템반도체의 기능과 구조가 메모리보다 비교적 복잡한 편이고 이에 따라 패키징을 진행하는 데 있어 까다로운 제품들이 많기 때문이다. 최근 5G 스마트 폰에 탑재되고 있는 AP 등과 같은 주요 칩에 대한 고부가 패키징 물량이 증가하는 추세를 보인다. 따라서 그동안 정체 중이던 성장세가 다시 살아나는 모습을 나타내고 있다.

아래 〈표 5〉는 세계 반도체 산업의 Value Chain 및 기업의 유형별 특징을 보여주고 있다. IDM의 지위를 지속해서 유지할 수 있는 기업들은 메모리반도체 기업들이나 인텔과 같이 업계 탑티어(Top Tier)의 투자 여력이 있는 기업들이다. 나머지 IDM 기업들은 주로 상위공정(미세화)을 더 이상 진행하지 않고도 기존의 공정으로 제품을 제조하고 판매하는데 특별한 문제가 없는 기업들이다(아날로그 반도체 등은 미세화를 하더라도 이점이 크지 않기 때문에 미세화의 필요성을 느끼지 못한다). 그리고 이미 반도체 산업은 규모가 큰 기업들이 유리한 면이 있다. 어느 정도 규모를 갖추게 되면 협상력과 원가 경쟁력이 생기기 때문이다.

〈표 5〉 세계 반도체 산업의 Value Chain 및 기업의 유형별 특징

IDM	· 칩 설계에서 제조 및 테스트까지 일관 공정 체제 구축 · 메모리반도체 제조에 가장 적합한 모델 · 기술력과 규모의 경제를 통한 경쟁력 확보 · 거대투자의 고위험, 고수익 형태	Intel, 삼성전자, SK하이닉스, Micron, Texas Instruments, STMicro Infineon, Renesas
팹리스	· 칩의 설계만을 전문으로 하는 업체 · 고정비의 대부분은 연구개발비 및 인건비 · 위탁 제조로 고위험 및 거액 투자 회피 가능	Broadcom, Qualcomm MediaTek, NVIDIA
파운드리	· 주문방식에 의해 칩 생산만 전문으로 함 · 칩을 설계하지 않고 설계 전문업체로부터 위탁 제조	TSMC, UMC, SMIC DB하이텍
OSAT	· 완성된 웨이퍼를 받아 조립 및 테스트를 하는 업체 · IDM, 파운드리에 이어 많은 자본 필요	Amkor, ASE, 시그네틱스 JCET, 하나마이크론, 네패스

자료: 한화증권 리서치센터(2011년, 일부 현재의 상황에 맞게 저자가 수정)

3. 국가별 반도체 비즈니스 현황

현재 반도체 시장을 리드하는 나라는 미국이다. 미국은 반도체 산업이 처음으로 태동하게 된 나라이기도 하다. 미국에서 반도체 산업이 생겨난 이후 미국 반도체 기업들은 한동안 전성기를 맞게 되었다. 하지만 점차 일본기업들이 강세를 보이게 됨에 따라 1980년대 후반부터 1990년대 초까지는 일본 반도체기업들이 전 세계적으로 번성하였다. 그 후 다시 미국 반도체 기업들은 일본의 기술을 체화하고 자체적인 대응책을 마련하면서 시

장을 되찾아오게 되었다. 그리고 1990년대 초반이 되면서 한국의 메모리 반도체 기업들이 전 세계 시장에서 두각을 나타내기 시작하였다. 따라서 지금 한국은 메모리반도체의 최강국이 되었다. 대만은 1980년 이전에는 반도체 산업에서 황무지와 다름이 없었으나, 1990년대에 들어와서 파운드리 기업들이 활약하기 시작하면서 지금은 파운드리 분야에서 독보적인 국가가 되었다. 유럽은 EU 통합과 함께 몇 개 국가의 주요 반도체기업들이 지금까지도 꾸준하게 비즈니스를 이어오면서 나름의 존재감을 보여주고 있다. 아울러 중국은 불과 10년 전만 해도 반도체 산업에서 아무런 존재감이 없는 상황이었다. 하지만 최근 정부의 엄청난 지원 하에 반도체 산업을 크게 키우고 있다. 나아가 최근 미국과의 반도체에 대한 통상마찰을 겪게 될 정도로 전 세계 시장에서 영향력을 과시하고 있다.

1) 미국의 반도체 산업

반도체 산업은 미국에서 1950년대부터 시작되었다. 이후 1958년 TI(Texas Instruments)는 수많은 트랜지스터(Transistor)가 한 공간에 집적되어 있는 IC(Integrated Circuit)를 세계 최초로 개발하였다. 기술개발이 지속해서 진전되면서 1970년 인텔에서 1K DRAM을 개발하였을 뿐만 아니라 1974년에는 8bit CPU를 시장에 내놓게 되었다. 이처럼 미국 반도체 기업들은 초기부터 반도체 기술을 적극적으로 개발하면서 시장의 선두를 이어나갈 수 있었다. 나아가 미국 반도체 기업들이 성장하게 되면서 미국 반도체 기업들로부터 반도체를 수입하는 국가들이 늘어나게 되었다. 따라서 이들 국가는 미국으로부터 반도체를 수입하게 되면서 기술을 습득한 후 자체적으로 기술을 개발할 수 있는 수준에 이르게 되었다. 결과적으로 미국 반도체 기업들을 통해 반도체 기술과 산업이 전 세계로 퍼져 나아갈 수 있는 계기가 될 수 있었다.

지금도 미국 반도체 기업들은 전 세계 47%의 시장점유율을 바탕으로 반도체 시장에서 영향력을 행사하고 있으며 그 기업들은 주로 IDM과 팹리스 기업들이다. 미국은 전 세계 시장에서 IDM 51%, 팹리스 65%, 순수 파운드리 10%, 장비 40%, OSAT 15%의 점유율을 차지하고 있다. 그리고 미국은 로직(Logic)과 아날로그(Analog) 반도체 부문에서 각각 61%와 63%로 전 세계에서 가장 높은 시장점유율을 보인다.[2)]

하지만 파운드리를 포함한 제조 분야에서 아시아 국가들에 밀려 경쟁력의 약화가 가면 갈수록 심해지고 있다.

그동안 미국 반도체 산업의 발전에 따라 전 세계의 IT산업도 지속해서 발전되어 올 수 있었으며 이에 따라 미국은 세계 경제를 리드할 수 있었다. 즉 미국 반도체 산업은 세계 경제의 주도권을 잡을 수 있었던 중요한 산업임을 부인할 수 없다. 이에 따라 최근 미국 정부는 세계 경제의 주도권을 뺏기지 않으려 무섭게 성장을 하는 중국을 견제하기 시작하였다. 이를 위해 최근 중국 화웨이(HUAWEI)와 SMIC 등에 전 세계 반도체 기업들이 제품을 판매할 수 없도록 제재를 가하고 있다. 이는 반도체 산업이 한 국가에 얼마나 중요한 산업인지를 알 수 있는 한 가지 예라고 할 수 있다. 하지만 수십 년 동안 세계 최고의 기술력을 자랑하던 인텔이 모바일 시장에서 경쟁력을 잃어감에 따라 점차 기술경쟁력 하락의 길로 접어들고 있는 모습을 보이고 있다. 더욱이 인텔은 7nm 공정에 대한 양산을 유보하면서 삼성파운드리 그리고 TSMC와의 기술경쟁에서 밀리기 시작하였다.

---

2) "2020 State of the U.S. Semiconductor Industry" Semiconductor Industry Association, 2020, 8p

나아가 코로나19 사태 이후로 전 세계 반도체 공급체계가 흔들릴 조짐을 보이자 최근 미국 정부는 자국에 팹을 유치하도록 노력하고 있다. 그 결과 TSMC는 애리조나주에 팹을 건설하기로 하였다.

2) 한국의 반도체 산업

한국은 1970년대만 해도 반도체 산업의 불모지나 다름이 없었다. 하지만 1983년을 기점으로 메모리반도체 사업을 대기업에서 시작하게 되었다. 당시 미국과 일본이 전 세계 시장을 리드해 나아가는 상황이었다. 이런 상황에서 삼성반도체는 사활을 건 노력으로 공장을 설립하고 4개월만인 그 해 1983년 세계에서 3번째로 64K DRAM을 개발하는 데 성공하였다. 그 후 2~3년 간격으로 다음 세대의 제품을 개발하였다. 결국 1992년 64M DRAM과 1994년에는 256M DRAM을 개발하였다. 이때부터 경쟁기업들을 따돌리기 시작하였다. 1993년에 삼성반도체는 메모리반도체 분야에서 1위로 올라서게 된 후 지금까지 한 번도 1위 자리를 경쟁기업에 내준 적이 없다. 그 후 삼성반도체와 하이닉스는 2000년대 들어 일본, 독일과 대만 기업들과 치킨게임을 벌이게 되었고 이후 메모리반도체 시장에서 최후 승자로 남을 수 있게 되었다. 지금 한국의 전 세계 메모리반도체 분야의 시장점유율은 65% 정도를 차지하고 있다. 하지만 현재 한국은 시스템반도체 분야에서 전 세계 점유율이 3.2% 정도밖에 되지 않아 반도체 사업에서 한계를 드러내고 있다.

따라서 삼성반도체는 그동안 미약하였던 시스템반도체 사업을 육성하기 위해 "반도체 비전 2030"을 발표하였다. 실제 삼성반도체는 시스템

LSI와 파운드리 사업부를 별도로 분리하고 시스템반도체 사업을 진행하고 있다. 현재 파운드리 사업부는 전 세계 시장점유율이 20% 가까이 되고 있으며 전 세계 파운드리 분야에서 1위인 대만의 TSMC를 따라잡기 위해 노력하고 있다. 마찬가지로 SK하이닉스도 시스템반도체 사업을 강화하기 위해 SK하이닉스 시스템아이씨라는 회사로 파운드리 사업부를 분사시켜 독립회사로 운영을 하고 있다.

한국의 순수 파운드리 회사는 DB하이텍밖에 없는 실정이다. 주로 아날로그 반도체를 생산하고 있는 회사다. 그리고 국내 팹리스 회사는 100개가 채 되지 않고 있으며 많은 기업이 여전히 어려움을 겪고 있는 실정이다. OSAT 기업과 장비 기업도 전 세계적으로 최상위권에 속해 있는 기업은 아직도 존재하고 있지 않다.

다음 〈표 6〉은 2019년 국내 팹리스 기업의 경영현황이다. 매출은 실리콘웍스가 867,122백만 원으로 1위를 기록하고 있다. 2위는 에이디테크놀로지로 225,810백만 원이고 3위는 실리콘마이터스로 211,679백만 원이다. 4위는 텔레칩스로 132,011백만 원이고 5위는 어보브반도체로 124,723백만 원이다.

〈표 6〉 국내 팹리스 기업의 경영현황

단위: 백만 원

회사명	2019		
	매출액	영업이익	순이익
실리콘웍스	867,122	46,811	38,240
에이디테크놀로지	225,810	12,158	8,004

실리콘마이터스	211,679	-12,730	-9,021
텔레칩스	132,011	8,037	8,316
어보브반도체	124,723	14,627	13,599
제주반도체	109,039	5,606	-3,920
앤씨앤(넥스트칩)	75,197	5,678	3,742
알파홀딩스	70,085	1,751	-13,638
아나패스	60,833	-22,616	-22,210
아이에이	58,942	3,474	9,757
피델릭스	56,030	-462	-1,218
동운아나텍	54,764	-2,189	6,605
아이앤씨	45,149	3,343	3,060
티엘아이	38,672	1,465	2,066
픽셀플러스	35,347	-8,347	-6,142
크로바하이텍	28,802	-3,777	-7,458
아미노로직스	18,980	-761	-1,201
이미지스테크놀로지	17,806	-6,142	-7,391
에이디칩스	17,668	-2,690	-12,906
다믈멀티미디어	13,138	1,040	536
지스마트글로벌	12,350	-63,613	-81,038
골드퍼시픽	11,602	-3,034	-31,554
시너지이노베이션(코아로직)	11,002	731	5,244
엔시트론(네오피델리티)	9,928	-5,380	-9,471
엠텍비전	9,190	122	-744
엘디티	6,956	-1,335	-1,399

자료: 한국반도체산업협회

3) 일본의 반도체 산업

일본 반도체 산업은 1970년대 미국에서 반도체를 수입하는 과정에서 반도체의 국산화를 위해 기술을 도입하고 이를 통해 가격과 기술 경쟁력을 높이면서 발전되었다. 이런 과정에서 정부의 지원을 바탕으로 초 LSI 프로젝트라는 DRAM을 중심으로 한 미세가공기술과 초집적화 기술을 개발하기 시작하였다. 이런 기술은 지속해서 발전되어 일본 반도체 산업의 기초가 되었다. 1980년대 들어서 일본 정부의 다양한 지원을 통한 반도체 기업들의 기술발전으로 일본은 전 세계에서 반도체 강국이 될 수 있었다. 따라서 1980년대 후반부터 일본 반도체 기업들은 미국 반도체 기업들을 제치고 전 세계 시장을 장악할 수 있었다. 1990년 일본 반도체 기업들은 전 세계 시장의 49%를 차지하였다. 당시 10대 기업 순위에 다수의 일본 반도체 기업들이 포함되어 있었다. 이런 기세는 1990년대 초반까지 이어졌으나 미·일 통상 마찰이 심화되고 미국도 일본의 기술을 체화하고 자체 대응력을 강화하게 되면서 미국 반도체 기업들이 다시 시장에서 우위를 점하게 되었다. 뿐만 아니라 한국 반도체 기업들이 시장에서 크게 성장해 나아가면서 일본 반도체 기업들은 점차 설 자리를 잃게 되었다.

특히 1990년대 인터넷의 도입에 따라 반도체의 주요 시장이었던 대형 컴퓨터 시장이 개인 PC 시장으로 변화하면서 반도체는 저코스트의 제품과 양산기술이 중요해지게 되었다. 하지만 일본기업들은 고품질 제품의 제조 프로세스에 집중하고 있었다. 이에 따라 일본 반도체 기업들은 2000년대에 들어서도 제품에 대한 가격경쟁력을 완전히 잃게 되었다. 유노가미 다카시(Yunogami Takashi)는 일본 반도체 기업들이 경쟁력을 잃게 된 주요 이유로 과잉기술로 과잉 품질의 제품을 만드는 병이 있기 때문이며 더 나쁜 것은 반도체 업계 자신들이 병에 걸려있다고 생각하지 않는 것이라고 꼬집어 말하였다.3)

이에 따라 일본 반도체 산업은 지금까지도 세계시장에서 큰 힘을 발휘하지 못하고 있다. 결과적으로 지금 일본의 반도체 시장 점유율은 10% 정도에 머무르고 있다. 하지만 일본에는 반도체 제조 장비와 소재를 만드는 경쟁력이 있는 다수의 메이커가 존재한다. 2019년 일본 정부는 한국 반도체 기업들을 대상으로 소재에 대한 수출규제를 시행하였지만, 한국 반도체 기업들이 발 빠르게 대응하여 오히려 일본 기업들에 불리한 결과를 가져오고 말았다.

최근 일본 정부는 자국 반도체 산업의 경쟁력 강화를 위해 해외 반도체 완성품 제조기업을 유치해 자국 기업과 협력하는 방안을 검토하고 있다. 반도체 완성품 시장에서 열세를 면치 못하고 있는 자국 반도체 생산체제 재건에 나서겠다는 의도로 보인다.4)

4) 대만의 반도체 산업

한국은 대기업들을 중심으로 반도체 산업이 크게 성장하였지만, 대만은 중소기업들을 중심으로 반도체 산업이 성장하였다는 점에서 양국 간의 차이가 있다.5)

---

3) 유노가미 다카시, "일본 반도체 패전", 성안당, 2012년, 5p
4) 김회경, "반도체 산업 재건, 대만에 먼저 손 내민 일본", 한국일보, 2020년 7월 19일. (https://www.hankookilbo.com/News/Read/A2020071911170005548?did=DA)
5) HYE-RAN HWANG & JAE-YONG CHOUNG, "The Co-evolution of Technology and Institutions in the Catch-up Process: The Case of the Semiconductor Industry in Korea and Taiwan, The Journal of Development Studies, 2014, Vol. 50, No. 9, 1,240p

대만 반도체 기업들은 원래 미국, 일본, 유럽 등의 선진 반도체 기업들로부터 하청을 받아 조립 부문 등의 일부 생산 공정을 맡으면서 출발하였다. 특히 일본 반도체 기업들은 대만 반도체 기업들의 높은 생산성을 통해 제조비용을 아끼면서 보다 부가가치가 큰 제품에 집중할 수 있었으며, 대만 반도체 기업들은 제조간접비와 개발비를 들이지 않고 선진기술을 배울 수 있었다. 그러면서 대만기업들은 점차 하청방식의 위탁생산에서 벗어나 전 세계의 팹리스 기업들로부터 주문을 받아 생산하는 수익성이 높은 파운드리 기업으로 성장하였다.

현재 대만의 반도체 산업은 비교적 분업화가 잘 된 양상을 보인다. 따라서 메모리반도체 분야의 IDM 기업들을 제외한 팹리스, 파운드리와 OSAT 기업으로 전문화가 다른 나라에 비해 잘 되어 있다. 이는 1987년에 설립된 전 세계 파운드리 1위 기업인 TSMC의 영향이 크게 작용한 것으로 보인다. TSMC가 전문 파운드리 기업으로 크게 성장함에 따라 대만에서 팹리스 기업들과 OSAT 기업들도 성장할 수 있는 발판이 마련되었기 때문이다. 실제로 대만은 파운드리와 OSAT 시장에서 전 세계 1위를 기록하고 있을 뿐만 아니라 팹리스 분야도 강하여 한국보다 시장점유율이 훨씬 높다. 그리고 대만 반도체 산업이 성장하게 된 이면에는 정부의 적극적인 지원정책에 힘입어 탄생한 대만의 신주과학단지가 결정적인 역할을 수행한 것으로 평가받고 있다.[6]

---

6) 홍승표외 15명, "대만의 반도체 산업 동향과 시사점", 정보통신산업진흥원 IT부품 Monitoring Report 09-27, 2009년, 11p

반도체 시장조사업체인 IC Insights에 따르면 2019년 말 기준으로 전 세계 웨이퍼의 생산능력은 200㎜ 웨이퍼의 환산량으로 월 195억 700만 장이다. 대만의 생산능력은 월 42억 800만 장으로 21.6%를 차지해 이 분야에서 전 세계 1위다. 그리고 한국이 월 40억 7,900만 장으로 20.9%를 차지하고 있다.

이는 그만큼 대만이 파운드리 기업들의 생산능력이 뛰어나다는 것을 의미한다. 실제로 TSMC와 UMC의 전세계 파운드리 분야의 시장점유율만 계산해도 60%가 넘는다. 그리고 최근 TSMC는 영업이익에서 삼성반도체보다 앞선 것으로 나타났다. 이런 추세는 앞으로도 한동안 지속할 것으로 보인다. 아래 〈표 7〉은 최근 대만 반도체 산업의 기업별 유형을 나타내고 있다. 이 표를 보면 대만이 반도체 산업에서 강국임을 알 수 있다.

〈표 7〉 대만 반도체산업의 기업별 유형

대분류	소분류	업체명
설계	SIP(반도체 설계자산)	Andes(晶心), Emomory(力旺)
	메모리반도체	ESMT(晶豪科), Etron(鈺創)
	마이크로컴포넌트	VIA(威盛), Sunplus(凌陽), Holtek(盛群)
	로직 반도체	Novatek(聯詠), Realtek(瑞昱), Himax (奇景) Raydium(瑞鼎), ELan(義隆), Sitronix(矽創) Sonix(松翰), ALi(揚智), ITE(聯陽)
	아날로그 반도체	GMT(致新), APEC(富鼎), ANPEC(茂達), Niko-Sem(尼克森)
	ASIC(주문형 반도체)/ ASSP(표준형 반도체)	Mediatek(聯發科), Phison(群聯)

제조	제조 장비	HMI(漢微科), Mirle(盟立自動化), Gudeng(家登精密), AIBT(漢辰科)
	제조 재료	TMC(台灣光罩), SAS(中美矽晶)
	파운드리	TSMC(台積電), UMC(聯電), Powerchip(力晶) VIS(世界先進), Episil(漢磊), Mosel(茂矽) WIN(穩懋), AWSC(宏捷科), Liteon(敦南), AMPI(元隆)
	메모리반도체	Nanya(南亞科), Winbond(華邦) MXIC(旺宏), Micron(台灣美光)
패키징· 테스팅	패키징 장비	GPM(均豪精密), GPTC(弘塑). NPT(新杰科)
	패키징 재료	CWE(長華電材), Unimicron(欣興), Kinsus(景碩)
	패키징	ASE(日月光), SPIL(矽品), PTI(力成) Walton(華東), ChipMos(南茂)
	테스팅 장비	Chroma(致茂電), TRI(德律科)
	테스팅	KYEC(京元電), Ardentec(欣銓), Sigurd(矽格)

자료: 『2019년 대만산업지도』, ITIS(2018.10)

5) 유럽의 반도체 산업

과거 1980년 말에서 1990년 초에 이르는 기간에 유럽 반도체 산업에는 큰 변혁이 일어났다. 이때 각 지역과 국가의 반도체 공룡들이 통합되었던 것이다. 고통스러운 시간을 겪었지만, 유럽 반도체 산업은 과거보다 더 강인한 모습으로 바뀌었으며 20세기 말에는 세계 반도체 시장에서 유럽의 존재가 확실히 자리매김하게 되었다.[7]

7) "Mastering Innovation Shaping the World", European Semiconductor Industry Association, ESIA 2008 Competitiveness Report, 2008, 27-33p

유럽의 시스템반도체 분야의 기업들인 NXP 반도체(NXP Semiconductor), 인피니언 테크놀로지스(Infineon Technologies), ST마이크로일렉트로닉스(STMicroelectronics)와 반도체 장비 기업인 ASML 등이 아직도 전 세계시장에서 존재감을 보여주고 있다. 이 3개의 시스템반도체 기업들은 주로 자동차 반도체 분야에 특화하여 상당한 경쟁력을 유지하고 있으며 ASML은 노광장비인 EUV 장비로 전 세계적으로 독보적인 지위를 점하고 있다.

네덜란드 기업인 필립스(Philips)에서 2006년에 분사한 NXP는 자동차 제어 및 안전, 인포테인먼트, 디지털 클러스터 등에서 강점을 보이는 세계 최대 자동차 반도체 기업이다. NXP는 2015년에 자동차용 반도체와 마이크로컨트롤러 유닛(MCU) 부문이 강점인 프리스케일 세미컨덕터(Freescale Semiconductor)를 인수하였다. 최근 NXP는 차세대 고성능 자동차 플랫폼에 TSMC의 5nm 기술을 도입하기로 하였다.[8)]

인피니언은 1999년 독일 지멘스에서 반도체 사업부를 분사해 설립되었고 이후 메모리반도체 부문은 키몬다라는 기업으로 다시 분사하였다. 인피니언은 전력 반도체, 차량용 마이크로컨트롤러, 센서, 보안 솔루션을 보유하고 있으며 차량용 반도체 부문에서 NXP만큼이나 강한 기업이다. 최근 사이프레스 반도체(Cypress Semiconductor)를 인수하고 나서 전 세계 10대 반도체 제조기업이 되었다.

---

8) 김도현, "NXP-TSMC, 5나노 차량용 반도체 맞손, 삼성도 내년 양산", 디지털 데일리 2020년 6월 15일. (http://www.ddaily.co.kr/news/article/?no=196946)

ST마이크로는 1987년에 이탈리아의 SGS 마이크로일렉트로니카와 프랑스 톰슨 SA의 반도체 사업부 톰슨 세미컨덕터스가 합병하여 설립되었다. ST마이크로는 자체적으로 공장을 가지고 있으며 제품라인업은 마이크로 컨트롤러 유닛, 센서, 전력반도체 등 디지털 아날로그 혼성 신호 칩 및 아날로그 반도체가 주력이다.

한편 네덜란드의 반도체 장비 기업인 ASML은 EUV 노광장비를 만드는 기업으로 전 세계적으로 유명하다. 최근 삼성파운드리와 TSMC 등이 7nm 이하 공정의 제품을 만들기 위해 ASML로부터 많은 EUV 장비들을 사들이고 있다. 7nm 이하의 반도체를 만들기 위해서는 이 장비를 반드시 구매해야만 한다. 앞으로도 이 두 기업들은 계속해서 3nm와 2nm 공정을 진행할 예정이기 때문에 ASML이 EUV 장비 시장을 독점하는 이상 수요는 당분간 꾸준하게 이어질 전망이다.

6) 중국의 반도체 산업

최근 중국은 정부 차원에서 자국의 반도체 산업을 육성하기 위해 많은 지원을 아끼지 않고 있다. 중국의 2025년도 목표는 반도체의 자급률을 70%로 높이는 것이다. 시장조사기관인 IC Insights에 따르면 2019년 중국의 반도체 자급률은 15.7%를 기록하고 있어 아직 그 속도는 그리 빠르지 않다. 하지만 국가별 반도체 생산능력(기판 면적 기준)에서 중국은 전 세계 4위로 이미 미국을 앞서고 있으며 한국, 대만과 일본을 뒤쫓고 있다. 이대로 가면 중국이 2022년에는 2위로 부상할 것으로 보인다. 그리고 중국은 전 세계 반도체의 60%를 소비하는 세계 최대 시장이다. 뿐만 아니라 〈그림 2〉를 보면 중국 IC 산업의 매출액은 매년 증가하고 있으며 앞으로도 꾸준하게 증가할 전망이다. 결과적으로 중국 정부로서는 자국의 반도체 산업을 지속해서 키워 나아가야 할 수밖에 없는 상황이기 때문에 중국은 어떻게 해서든 자국의 반도체 기업들을 지원하려 노력하게 될 것이다.

〈그림 2〉 중국 IC 산업의 매출액 및 예측

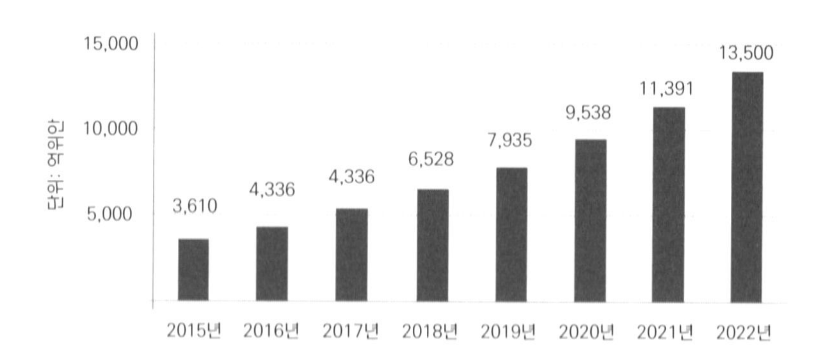

자료: 전망산업연구원

최근 중국에는 팹리스 기업이 2,000개 정도가 있는 것으로 파악되고 있다. IC Insights의 발표에 따르면 하이실리콘(HiSilicon)은 2020년 1분기에 26억7,000만 달러의 매출을 기록해 글로벌 반도체 업체 순위에서 매출액 기준으로 10위 자리에 올랐다. 하이실리콘은 중국의 IT 기업인 화웨이의 자회사이며 모바일 AP와 네트워크 반도체를 전문적으로 설계하는 회사다.

최근 주식시장에 상장되어 엄청난 자금을 끌어모은 파운드리 기업인 SMIC는 전 세계적으로 주목을 받고 있다. SMIC는 매출 대비 정부지원금이 가장 많은 기업으로 알려져 있다. 아직 미세공정의 수준은 14nm 정도로 그리 높지 않은 것으로 알려졌지만, 성장 속도가 워낙 빠르기 때문에 다른 파운드리 기업들에 큰 위협이 되고 있다.

중국의 메모리반도체기업들도 한국을 따라잡기 위해 많은 노력과 투자를 진행하고 있다. 중국의 주요 메모리반도체기업은 YMTC(长江存储), 푸젠진화반도체(福建晋华半导体), 허페이창신(合肥长鑫) 등이 있다. 이외에도 중국에는 10여 개 메모리반도체 관련 기업들이 있으며 지속적인 투자를 통해 경쟁력을 높여 나아가고 있다. 아직 중국 메모리반도체 기업들은 한국 메모리반도체 기업들과의 기술격차가 3년 정도 뒤져있는 것으로 평가되고 있다. 하지만 중국 메모리반도체 기업들은 지속적인 투자를 통해 기술력을 향상시키고 있기 때문에 차후에는 한국 메모리반도체 기업들에 위협이 될 것은 분명하다.

4. 반도체 비즈니스에서 미세화와 전문기업들의 상관관계

지금까지 비즈니스에서 반도체기업들이 경쟁사를 이기기 위해서는 바로 회로 선폭의 미세화를 얼마나 경쟁사들보다 빨리 진행할 수 있는가가 주요 쟁점이었다. 다시 말하면 선폭을 미세하게 하면 할수록 칩에 대한 경쟁력을 가질 수 있었기 때문에 과거 많은 기업이 엄청난 많은 비용을 투자해 선폭을 줄이는 경쟁을 해왔다(회로 선폭은 반도체 칩에 적용되는 회로의 폭을 말한다). 선폭을 측정하는 단위는 주로 마이크로미터와 나노미터가 사용된다.

최근 TSMC에서 가장 많은 매출을 보이는 선폭의 제품은 7nm다. 아마도 조만간에 5nm 제품으로 넘어갈 것으로 보인다. 그만큼 고객들은 우수한 성능의 제품을 원하고 있는 것이다.

참고로 지금까지 개발이 끝나 양산이 되는 선폭은 5nm까지며 앞으로 3nm 그리고 2nm로 진행될 예정이다.

〈표 8〉은 나노미터와 마이크로미터를 비교한 표이다. 1m를 100만으로 나눈 것이 마이크로미터(um)고 10억으로 나눈 것이 나노미터(nm)다. 그리고 1,000nm는 1㎛와 같다.

〈표 8〉 나노미터와 마이크로미터의 비교

1미터(m)	1,000,000 마이크로미터 (um)
1미터(m)	1,000,000,000 나노미터 (nm)
	1,000nm = 1㎛

자료: 저자 작성

그동안 많은 기업들이 선폭의 미세화를 위해 큰 비용을 투자하였지만, 시장에서 제품이 성공할 경우 그 이상의 보상을 받을 수 있었다. 성공한 기업들은 얻은 이익을 다시 투자해 경쟁사를 따돌릴 수 있도록 더욱 선폭을 줄이는 과정을 반복해 온 것이다. 이런 방식이 오늘날 반도체기업들이 성공해올 수 있었던 중요한 배경이 되었다.

〈표 9〉는 7nm 제품대비 5nm와 3nm의 성능비교표다. 5nm에서 3nm로 내려갈수록 제품크기, 성능과 전력효율이 더욱 좋아지는 것을 볼 수 있다. 이를 설명해 보면 선폭이 좁으니 크기는 작아지고 크기가 작으니 전력소비는 줄어들게 될 뿐만 아니라 전류의 이동 거리가 짧아 더욱 빨리 작동할 수 있어 성능이 좋아진다. 이와 같은 이점들 때문에 그동안 반도체 기

업들이 미세화를 진행하였다(물론 PMIC 등과 같은 전력반도체는 미세화를 진행하여도 이점이 많지 않기 때문에 굳이 지속해서 미세화를 진행할 필요성을 느끼지 못한다).

〈표 9〉 7nm 제품대비 5nm와 3nm의 성능비교표

	7nm	5nm	3nm
제품크기	-	25% 감소	45% 감소
성능	-	10% 향상	35% 향상
전력효율	-	20% 향상	50% 향상

자료: 삼성반도체

그럼에도 불구하고 선폭 미세화에 대한 투자 비용이 나노미터(nm) 경쟁에 이르면서부터 기하급수적으로 늘어나게 되었다(이는 설계비용, 팹 비용, 설비(장비)비용 등을 모두 포함한다). 이런 비용을 투자할 수 없는 IDM 기업들은 할 수 없이 팹라이트를 선언하거나 아예 팹리스 기업으로 전환할 수밖에 없게 된 것이다. 지금은 메모리반도체가 아닌 시스템반도체를 취급하는 IDM 기업들이 대부분 사라지게 되는 현상이 나타나고 있다. 인텔 같은 경우도 얼마 전에 7nm 공정에 대한 연기를 발표한 것을 알 수 있다. 이는 메모리반도체보다 설계가 복잡한 시스템반도체를 취급하는 IDM 기업들이 지속해서 미세화를 진행하면서 설계와 제조를 모두 한다는 것이 얼마나 어려운가를 보여주는 한 가지 예라고 할 수 있다.

〈그림 3〉은 매년 팹 비용의 증가 그래프다. 매년 기하급수적으로 비용이 증가하고 있는 것을 볼 수 있다. 이처럼 비용이 천문학적으로 증가하고 있기 때문에 자본이 어느 정도 있는 기업들도 팹을 새로 건설한다는 것이

쉽지 않은 일이 되고 있다.

〈그림 3〉 매년 팹비용의 증가 그래프

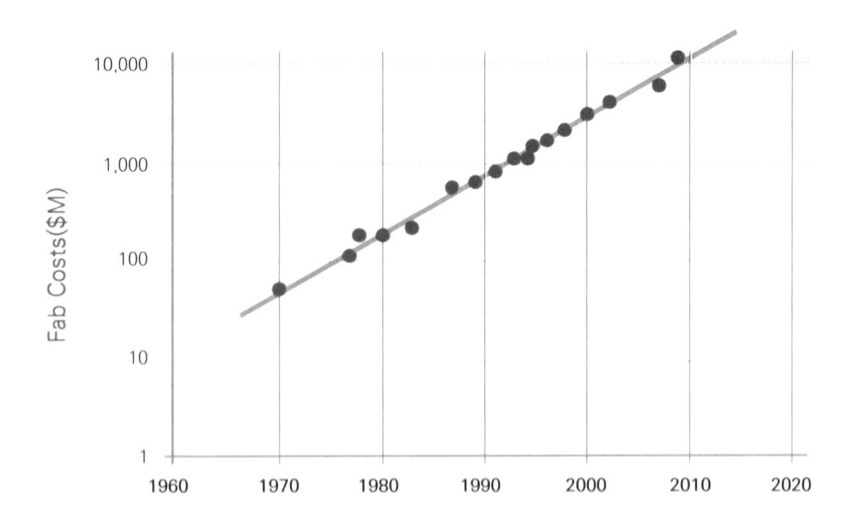

자료: FUTRFAB

〈그림 4〉는 리소그래피 장비 비용의 증가 그래프다. 리소그래피는 반도체 제조공정 중에서 실리콘 웨이퍼에 회로 패턴을 그리는 공정이다. 이 장비가 제조공정에서 가장 비싼 장비라고 할 수 있다. 이 장비 중에 가장 비싼 장비는 네덜란드 기업인 ASML의 EUV 장비다. ASML 이외에는 어느 기업도 이 장비를 생산할 수 없다. 전문적으로 제조를 담당하고 있는 파운드리 기업들조차도 투자하기 쉽지 않은 금액이다. 만약 이 장비들을 들여와서 제대로 팹을 운영하지 못하게 된다면 파산에 이를 수도 있기 때문이다. 따라서 기업으로서 이 장비를 도입한다는 것 자체가 리스크가 매우 크다고 할 수 있다. 이외에도 반도체 제조공정에서 필요한 장비들은 수없이

많기 때문에 그 비용은 상상할 수조차 없을 정도다.

〈그림 4〉 리소그래피 장비비용의 증가 그래프

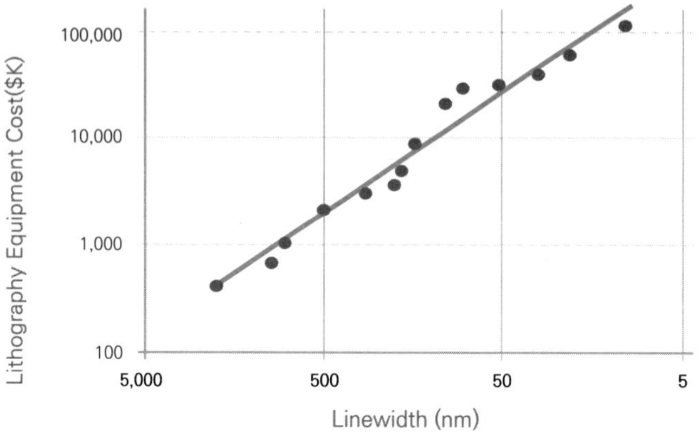

자료: FUTRFAB

〈그림 5〉는 기업별 미세공정의 진행 상황이다. 미세화 공정이 진행될수록 많은 기업이 상위공정을 포기하게 되는 것을 볼 수 있다. 이는 앞서 언급한 대로 기업의 비용과 리스크가 증가하기 때문이라고 할 수 있다.

인텔은 불과 몇 년 전까지만 해도 TSMC 그리고 삼성파운드리와 비슷한 미세공정을 유지해 왔으나 최근 CPU의 7nm 공정에 대한 여러 가지 문제로 양산이 지연되고 있다. 이에 따라 다른 파운드리 기업에 위탁생산을 맡길 가능성이 커지고 있으며 결국 미세화 공정에서 TSMC와 삼성파운드리에 뒤지게 되는 결과를 초래하게 되었다. 최근 반도체 비즈니스의 특성상 한번 미세화 경쟁에서 뒤지게 되면 따라잡기 쉽지 않다. 과거를 보더라도 전례가 많지 않았기 때문이다. 특히 지금의 상황을 보면 인텔이 TSMC와 삼성파운드리를 추격하기는 쉽지 않아 보인다.

앞으로 인텔, 삼성파운드리 그리고 TSMC를 제외한 파운드리나 IDM 기업 중에서 10nm 이하로 자체 공정을 미세화할 수 있는 기업들은 거의 없을 것으로 예상된다(참고로 메모리반도체 기업인 SK하이닉스도 미세공정에 대한 적극적 투자로 인해 3세대 DRAM을 개발하고 10nm 제품을 양산하고 있다. 나아가 최근 SK하이닉스는 EUV 장비에 대한 적극적 투자로 앞으로도 미세화 속도를 가속화해 나갈 예정이다. 추가적으로 중국의 파운드리 기업인 SMIC가 10nm 이하 공정진입을 계획하고 있었으나 미국 정부의 제재에 따라 EUV 장비를 자사로 들여오기 어려울 것으로 보여 7nm 공정의 진입은 상당 기간 힘들어 보인다). 그만큼 엄청난 비용을 감당하기 어려울 것으로 보이기 때문이다. 따라서 지금까지의 종합적인 상황을 고려해 본다면 많은 시스템반도체 분야의 IDM 기업들은 상위의 미세공정에 투자하는 대신 파운드리 기업에 위탁하여 생산을 진행할 것으로 보인다.

〈그림 5〉 각 기업별 미세공정의 진행상황

90nm	65nm	45/40nm	32/28nm	22/20nm	14/10nm	7nm	3nm
Freescale							
HiTek							
Grace							
Seiko Epson							
Infineon	Infineon						
Sony	Sony						
TI	TI						
Fujitsu	Fujitsu	Fujitsu					
IBM	IBM	IBM					
Renesas	Renesas	Renesas					
SMIC	SMIC	SMIC					
Toshiba	Toshiba	Toshiba					
STM	STM	STM	STM				
UMC	UMC	UMC	UMC	UMC	UMC		
Global Foundries	Global Foundries	Global Foundries	Global Foundries	Global Foundries	Global Foundries		
Intel	Intel	Intel	Intel	Intel	Intel	Intel	Intel??
Samsung	Samsung	Samsung	Samsung	Samsung	Samsung	Samsung	Samsung??
TSMC	TSMC	TSMC	TSMC	TSMC	TSMC	TSMC	TSMC

자료: 유진투자증권 자료 참조

결론적으로 미세화의 진전은 기업들의 전문화를 촉진하는 결과를 초래하게 되었다고 할 수 있다. 앞으로도 시스템반도체 분야에서는 팹리스, 파운드리, OSAT 기업과 같이 분업화된 형태의 비즈니스가 더욱 활성화될 전망이다. 이에 따라 기존에 남아있는 IDM 기업들도 미래에는 팹라이트, 혹은 팹리스 기업으로의 전환이 이루어질 가능성이 크다.

이와 동시에 새로 반도체 비즈니스에 진입하게 되는 기업들도 IDM 기업보다는 팹리스 기업일 가능성이 크다. 팹을 건설하기에는 비용에 따른 리스크가 너무 크기 때문이다. 뿐만 아니라 팹리스 기업들은 파운드리 기업을 통해 얼마든지 최신공정의 제품을 생산할 수 있기 때문에 굳이 팹을 보유할 필요성을 느끼지 못한다.

물론 미세화에 대한 이점이 크게 없어 더는 미세화를 진전시킬 필요가 없는 전력반도체나 아날로그 반도체 생산을 전문으로 하는 일부의 기존 IDM들은 여전히 IDM 기업으로 남아있을 가능성이 있다.

제2장
종합반도체 IDM 기업

1. 삼성반도체(Samsung Semiconductor)
2. 인텔(Intel)
3. SK하이닉스(SK hynix)
4. 마이크론 테크놀로지(Micron Technology)

제2장

종합반도체(IDM) 기업

IDM 기업은 이미 말한 바와 같이 종합반도체 기업으로 설계, 제조, 패키징과 테스트를 모두 진행하는 기업이다(IDM 기업들이 종종 패키징과 테스트를 위탁하기도 하지만 그래도 IDM 기업으로 간주한다). 주로 IDM 기업에 적합한 비즈니스는 메모리반도체 비즈니스다. IDM 기업의 장점으로는 칩 제조의 모든 과정을 총괄하기 때문에 어떤 문제가 발생하였을 때 원인에 대한 파악이 비교적 수월해 해결하기가 쉬운 부분이 있다는 점이다. 그리고 모든 과정을 한 회사가 진행하기 때문에 업무의 흐름이 자연스럽게 연결되어 빠르게 칩을 제조할 수 있다는 점이다. Intel, 삼성반도체, SK하이닉스, 마이크론(Micron), 텍사스 인스트루먼트(Texas Instruments), ST마이크로(STMicro), 인피니언(Infineon), 르네사스(Renesas) 등이 IDM 기업에 속한다.

최근 미세공정에 대한 투자 비용이 천문학적인 수준으로 올라감에 따라 많은 IDM 기업들도 점차 팹에 대한 투자를 줄이는 추세다. 그리고 파운드리 기업에 제조를 맡기는 현상이 증가하고 있다. 그럼에도 불구하고 아직도 메모리반도체 기업들을 포함한 시스템반도체 기업인 인텔과 텍사스 인스트루먼트 등과 같은 거대회사들이 IDM 기업으로 남아 있다.

1. 삼성반도체(Samsung Semiconductor)

삼성전자는 1983년부터 주변의 많은 반대에도 불구하고 메모리반도체 사업을 본격적으로 시작하게 되었다. 이런 과정에서 수많은 우여곡절을 겪기도 하였으나 1993년 DRAM과 2003년 낸드플래시 메모리반도체 사업에서 세계 시장점유율 1위를 기록하게 되었다. 지금까지도 삼성반도체는 전 세계 메모리반도체 시장에서 독보적 지위를 점하고 있다(DRAM 44%, 낸드 36%, SSD 43%). 삼성전자가 지금처럼 크게 성공할 수 있었던 배경에는 바로 반도체 비즈니스가 중요한 역할을 하였기 때문이다.[9]

특히 삼성전자가 메모리반도체 분야로 사업을 정한 것은 무엇보다 탁월한 선택이었다. 삼성전자가 메모리반도체로 사업을 정한 것은 일본의 영향을 무시할 수 없다. 당시 메모리반도체 사업은 일본이 생산기술에서 미국보다 앞서고 있었다. 삼성반도체도 공정기술로 대량생산을 할 수 있는 능력이 있다고 판단하였기 때문에 일본보다 잘 할 수 있다는 자신감이 있었다. 더욱이 메모리반도체는 어느 정도 규격이 정해져 있었기 때문에 대량생산에도 용이하였다.[10]

삼성반도체의 메모리반도체 1위 요인으로 업계에서는 초격차 전략을 들고 있다. 이는 시장의 니즈에 맞는 제품을 높은 기술력과 낮은 가격 경쟁력으로 빠르게 고객들에 제공하는 전략이다. 나아가 적절한 시점에 과감한 투자를 진행할 수 있었던 것도 성공의 중요한 배경이 되었다.

---

9) 신장섭·장성원, "삼성 반도체 세계 일등 비결의 해부 - '선발주자 이점' 창조의 전략과 조직", 삼성경제연구소, 2006년, 9p
10) 이채윤, "황의 법칙", 머니플러스, 2006년, 53p

하지만 지금은 중국 메모리반도체 기업들의 매서운 추격으로 매년 기술격차가 조금씩 좁혀지고 있기 때문에 삼성반도체로서는 아직 안심하기에 이르다. 최근 삼성반도체는 이를 견제하기 위해 평택의 최첨단 낸드플래시 생산라인에 약 8조 원의 투자계획을 발표하기도 하였다.[11]

〈표 10〉 삼성반도체의 역사

연도	내용
1974년	한국반도체를 인수하여 반도체사업 시작
1983년	이병철회장의 반도체사업 진출 선언문 발표 기흥사업장 메모리반도체사업 개시 세계 3번째 64Kb DRAM 개발
1984년	256Kb DRAM 개발
1986년	1Mb DRAM 개발
1992년	세계 최초 64Mb DRAM 개발
1993년	메모리반도체 시장점유율 세계 1위 달성
1994년	세계 최초 256Mb DRAM 개발
1996년	세계 최초 1Gb DRAM 개발
2000년	화성캠퍼스 설립
2003년	낸드플래시 메모리반도체 시장점유율 세계 1위 달성
2004년	세계 최초 60nm급 8Gb 낸드플래시 개발
2009년	세계 최초 40nm급 2Gb DRAM 양산
2011년	세계 최초 30nm급 4Gb 모바일 DRAM 양산
2014년	세계 최초 20nm급 8Gb 모바일 DRAM 양산
2017년	평택공장 본격 가동
2019년	"반도체 비전 2030" 발표

자료: 회사홈페이지

11) 김승한, "中 턱밑 추격 우려, 삼성, 반도체 초격차 승부수", 매일경제, 2020년 6월 1일, (https://www.mk.co.kr/news/business/view/2020/06/559398/)

삼성반도체는 이미 성공한 메모리반도체 사업을 기반으로 시스템반도체 사업의 기초를 닦을 수 있었다. 삼성반도체가 가지고 있는 큰 이점은 수직계열화로 거의 모든 제품을 자체적으로 생산하고 있다는 점이다. 다시 말하면 반도체를 생산하더라도 자체적으로 제품을 사줄 수 있는 고객이 이미 확보되었다는 점이다. 뿐만 아니라 고객의 니즈를 파악하거나 시제품을 테스트하는 데 있어서도 다른 반도체기업들보다 유리할 수밖에 없다. 정인성은 삼성전자의 강점에 대해 주요 제품에 대한 수직계열화와 세계 최고의 개별 요소기술이라고 하였다.[12]

이와 같은 사업구조는 삼성반도체가 다른 반도체기업들보다 앞서 나아갈 수 있는 중요한 계기를 마련해 주었다.

아래 〈표 11〉은 삼성반도체의 연도별 사업실적이다. 2015년부터 2018년까지 실적이 지속해서 증가하였으나 2019년에는 반도체 수요가 부진하여 매출과 영업이익이 급락하였다. 하지만 2020년부터 다시 수요가 살아나 실적이 개선되었다.

〈표 11〉 삼성반도체의 연도별 사업실적

(단위: 억 원)

	2015년	2016년	2017년	2018년	2019년
매출	475,868	511,570	742,556	862,910	649,391
영업이익	127,873	135,950	352,041	445,739	140,163

자료: 회사내부자료

12) 정인성, "반도체 제국의 미래", 이레미디어, 2019년, 299p

삼성반도체 사업은 메모리반도체, 시스템 LSI, 파운드리 사업으로 나뉘어 있다. 2020년 기준으로 메모리반도체가 전체 반도체 매출에서 차지하는 비중이 대략 80% 정도고 메모리를 제외한 파운드리와 시스템 LSI 사업부의 매출은 20% 정도다. 그리고 자사 반도체를 자사의 세트 제품에 탑재하는 비중도 대략 20% 정도다. 즉 자사 반도체의 내부매출이 20%정도라는 얘기다. 이런 사업구조가 반도체 사업을 어느 정도 견인하였다고 볼 수도 있다.

삼성반도체는 아직 메모리반도체가 주요 성장 동력이지만 점차 시스템반도체 사업을 키워 나아가고 있다. 반도체 시장은 시스템반도체 시장이 메모리반도체 시장보다 2배 이상 크기 때문에 메모리반도체 사업만으로는 진정으로 반도체 시장에서 승자가 될 수 없기 때문이다.

신용인은 삼성반도체에 대해 지금까지 발 빠른 후발주자로 경쟁사들을 앞지르고 성공하였다고 말한다.[13]

하지만 후발주자로서는 더 이상 큰 성장을 할 여지가 별로 없기 때문에 창조력이 강한 선발주자의 체제로 전환할 필요가 있다고 한다. 특히 메모리반도체 사업은 지금 중국기업들이 무서운 속도로 추격해 오고 있고 나아가 시장의 성장이 조금씩 둔화하고 있는 모습을 보이기 때문에 삼성반도체가 메모리반도체 사업의 주도권을 이어가기 위해서는 창조적 변화가 필요해 보인다.

13) 신용인, "삼성과 인텔", 랜덤하우스, 2009, 17p

2. 인텔(Intel)

인텔은 로버트 노이스(Robert Noyce)와 고든 무어(Gordon Moore)가 1968년에 설립한 회사다. 사업 초기에는 DRAM을 개발하고 이를 회사의 주요 사업으로 진행하면서 꾸준하게 성장할 수 있었다. 하지만 인텔은 80년대에 들어서 점차적으로 일본기업들의 저가공세에 밀려 가격경쟁력을 잃게 되었다. 따라서 인텔은 결국 DRAM 사업을 1985년에 공식적으로 접게 된다. 인텔은 1970년 초에 마이크로프로세서를 세계 최초로 개발하였으나 당시에는 마이크로프로세서의 잠재적인 시장성을 스스로도 잘 평가할 수 없었다. 하지만 DRAM 사업이 어려움에 처하게 됨에 따라 1980년초 마이크로프로세서를 회사의 주요 사업으로 결정하면서부터 극적으로 인텔은 회생할 수 있었다. 이에 따라 지금까지도 인텔은 마이크로프로세서로 세계에서 가장 높은 시장점유율을 차지하고 있다.

〈표 12〉 인텔의 역사

연도	내용
1968	회사설립
1969	1Kbits(125Bytes) 메모리반도체 개발
1973	PL/M(Programming Language for Microcomputers) 개발
1979	포춘지가 선정한 500대 기업
1981	마이크로프로세서로 주요 사업전환
1982	16비트 마이크로프로세서 80286(인텔 286) 출시
1988	인텔 재단 설립
1990	'인텔 인사이드' 로고 광고시작
1992	반도체 시장 1위 진입

1994	펜티엄 프로(Pentium Pro) 프로세서 출시
1996	펜티엄 MMX 프로세서 출시
2003	PXA800F 휴대 전화 프로세서 출시
2006	세계 최초의 쿼드 코어(Quad-Core) 프로세서 생산
2009	아톰(Atom) 프로세서 도입
2011	울트라북(Ultrabook) 출시
2013	4세대 코어 프로세서인 하스웰(Haswell) 공개
2020	씬앤라이트 노트북용 모바일 프로세서 11세대 '타이거레이크' 출시

자료: 회사홈페이지

인텔은 한동안 마이크로프로세서를 2년마다 발전시키는 틱톡전략(Tick Tock Strategy)을 진행해왔다. 이 전략에서 틱은 공정의 미세화 단계를 한 단계 업그레이드 시키는 것이고 톡은 새로운 아키텍처를 선보이는 것이다. 따라서 새로운 틱모델의 제품이 출시되었다면 이전보다 상위공정으로 만든 제품이 나왔다는 의미고 톡모델의 제품이 출시된다면 기존과 다른 새로운 아키텍처의 제품이 나왔다는 것을 의미한다. 이런 전략은 실제로 고객들의 니즈를 충분하게 충족시킬 수 있었기 때문에 인텔이 지금까지 마이크로프로세서 시장에서 거의 독보적 지위를 누릴 수 있었던 중요한 배경이 되었다. 하지만 이런 전략은 2016년에 이르러서 서서히 한계에 봉착하게 되었다. 즉 미세공정에서 기술적 한계를 드러내기 시작하였다. 지금은 10nm 공정의 제품까지만 생산할 수 있는 수준에 머물고 있으며 7nm 공정에 대한 스케줄은 수율(투입량 대비 완성품 비율) 문제 등으로 이미 연기가 된 상태다. 이에 따라 한때 인텔의 주가가 큰 폭으로 하락하기도 하였다. 물론 인텔은 앞으로도 미세화 공정에 대한 기술개발은 지속할 것이라는 방침을 밝히고 있다. 이런 해명은 인텔이 이미 7nm 공정을 위해 팹을 준비하고 있으니 근거가 있는 얘기다. 하지만 이미 TSMC와 삼성파운드리의 미세공정에 뒤쳐지게 되는 결과를 가져오게 된 것은 분명하다. 한 번 미세공정에서 뒤쳐지게 되면 따라잡기 어려운 현실을 감안하면 인텔이 앞으로 7nm이하의 공정에 대해 자사에서 제품을 생산하게 될지 아니면 TSMC나 삼성파운드리에 위탁하여 제조를 하게 될지는 아직 미지수다.

〈그림 6〉 인텔의 틱톡전략

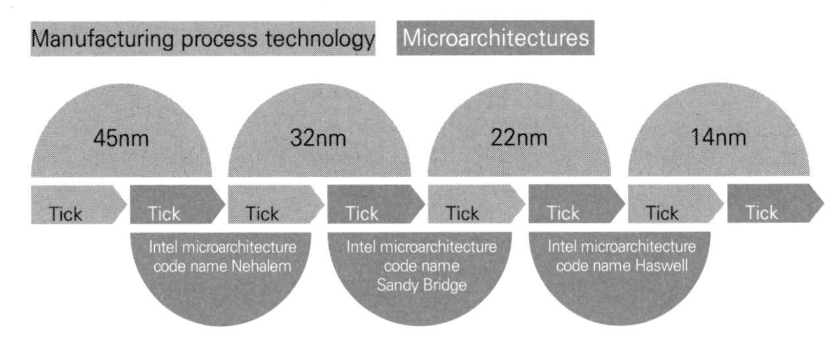

자료: 회사내부자료

아래 〈표 13〉은 인텔의 경영실적이다. 실적을 보면 매년 매출이 증가하고 있는 것을 볼 수 있다. 최근 AMD가 인텔의 시장을 조금씩 빼앗고 있지만 아직까지는 건재한 모습이다. 하지만 AMD는 7nm 공정으로 TSMC에 제품을 위탁하여 생산하고 있기 때문에 인텔보다는 미세공정에서 앞서고 있다. 따라서 당분간 AMD는 계속해서 인텔의 시장을 조금씩 빼앗을 가능성이 크다. 하지만 인텔은 작년 하반기 타이거레이크(Tiger Lake)라는 11세대의 노트북용 모바일 프로세서를 출시하여 AMD

의 7nm 라이젠(RYZEN) 제품에 대항하고 있다. 어느 제품이 고객의 관심을 더 받게 될지는 시간을 두고 좀 더 지켜봐야 할 것 같다.

〈표 13〉 인텔의 경영실적

단위: 백만 달러

	2015년	2016년	2017년	2018년	2019년
매출	55,355	59,387	62,761	70,848	71,965
영업이익	14,002	12,874	17,936	23,316	22,035

자료: Stock Analysis on Net(https://kr.stock-analysis.net)의 자료 편집

아마도 앞으로의 주요 관심사는 인텔이 과연 IDM 기업으로서의 지위를 계속 유지할 수 있을지에 대한 의문일 것이다. 만약 인텔이 CPU에 대해 자체 생산을 포기하게 된다면 TSMC에 생산을 맡길 가능성이 크게 될 것이다. 물론 삼성파운드리도 얼마만큼 미세공정을 TSMC보다 빨리 개발할 수 있느냐에 따라 수주를 받을 가능성이 높다. 인텔의 이런 결정은 앞으로 7nm 이하 미세공정이 얼마만큼 기술적 결함과 수율의 문제없이 빠른 기간 내에 개발될 수 있는지가 관건이 될 것이다. 그렇지 않으면 인텔도 다른 반도체기업들과 마찬가지로 팹라이트를 시도하게 될 가능성이 높다.

3. SK하이닉스(SK hynix)

SK하이닉스는 이천과 청주의 국내 사업장뿐만 아니라 중국 우시와 충칭을 포함하여 총 4곳에 생산기지를 보유하고 있다. 나아가 전 세계 4개의 연구개발 법인과 10개의 판매법인을 운영하는 글로벌 기업이다.

SK하이닉스의 성장 역사는 한마디로 요약하자면 위기 극복의 역사다.[14] 원래 현대전자산업이라는 사명으로 반도체사업을 시작하였으나 2012년 SK그룹이 인수하게 됨에 따라 지금은 SK하이닉스로 사명이 변경되었다. SK그룹에서 인수한 후 많은 투자를 한 결과 지금은 SK그룹 내에서도 경영실적이 상당히 좋은 우량회사가 되었다.

주요 제품은 메모리반도체인 DRAM, NAND Flash, MCP(Multi-Chip Package)와 시스템반도체인 CIS(CMOS Image Sensor) 등이다. 원래 파운드리 사업도 진행하고 있었으나 2017년 자회사인 SK하이닉스 시스템아이씨로 분사를 하였다. SK하이닉스는 메모리반도체 시장점유율에서 전 세계 2위를 기록하고 있으며 반도체 기업 전체 순위를 보아도 상위권에 위치해 있다. SK하이닉스는 그동안 메모리반도체 사업에만 너무 치중한 나머지 메모리반도체의 매출이 하락할 경우 실적이 크게 하락하는 경우가 많았다.

---

14) 박준범·정상욱, "SK하이닉스의 성장역사와 생존전략" 경영사학 제31집 제2호, 2016년

이럴 경우를 대비해 지금은 시스템반도체 분야를 강화하고 있는 상황이다. 시스템반도체 분야는 이미지센서 부문과 파운드리 자회사인 SK하이닉스 시스템아이씨를 포함한 것으로 2019년 약 8,000억 원 정도의 매출을 차지함에 따라 1년 새 1.5배나 성장했다. 2019년 D램 매출은 전년대비 37% 감소하였고 낸드플래시 매출은 31%가 줄어든 것과 상당히 대조되는 성장세다.[15]

따라서 SK하이닉스는 시스템반도체 사업을 강화하기 위해 2019년 일본지역에 차세대 CIS 연구개발(R&D) 센터를 설립하였다. 뿐만 아니라 최근에는 투자회사를 통해 매그나칩의 파운드리 사업부에 5,300억 원을 투자하여 인수하기도 하였다. 이로써 SK하이닉스는 메모리반도체뿐만 아니라 시스템반도체 분야에서도 입지를 강화하려 하고 있다. 다음 〈표 14〉는 SK하이닉스가 지금까지 걸어온 역사를 보여주고 있다.

〈표 14〉 SK하이닉스의 역사

연도	내용
1983	현대전자산업㈜ 창립
1989	세계 반도체 기업 순위 20위내 진입
1990	1Mb D램 생산
1991	16Mb D램 시제품 개발
1996	기업상장
1998	자동차용 시스템반도체 개발

15) 이은지, "SK하이닉스, 반도체 다각화, 비메모리 키운다", 문화일보, 2020년 4월 24일. (http://www.munhwa.com/news/view.html?no=2020042401073030322001)

1999	LG반도체㈜ 인수
2001	㈜하이닉스반도체로 사명 변경, 현대그룹에서 계열분리
2002	1GB DDR D램 모듈 출시
2004	업계 최초로 초고속 DDR SD램 550MHz개발
2009	세계 최초 44나노 DDR3 D램 개발
2010	세계 최초 40나노급 2Gb 모바일 D램 제품 개발
2012	SK하이닉스㈜로 사명 변경
2013	20나노급 LPDDR4 세계 최초 개발
2015	연간 최대 경영실적 달성
2017	SK하이닉스 시스템아이씨㈜ 출범
2019	업계 최고속 'HBM2E' 개발

자료: 회사홈페이지

SK하이닉스는 그동안 굴곡의 역사를 겪으면서 많은 어려움을 거쳐왔으나 SK그룹에 편입된 후 지금까지 어느 정도 안정적으로 사업을 영위해 오고 있다.

〈표 15〉에서 SK하이닉스의 최근 경영실적을 보면 2018년이 가장 좋은 한 해였으나 2019년에는 수요부진과 지속된 D램 가격 하락의 여파로 실적이 급락하였다. 하지만 2020년은 2019년보다 DRAM 가격 상승과 수요 증대 등에 힘입어 실적이 다소 개선되었다.

〈표 15〉 SK하이닉스의 경영실적

단위: 억 원

	2017년	2018년	2019년
실적	301,094	404,451	269,907
영업이익	137,213	208,438	27,127
당기순이익	106,422	155,400	20,164

자료: FnGuide

아래 〈표 16〉은 SK하이닉스의 R&D 지출현황이다. R&D 지출은 매년 증가하고 있는 것을 볼 수 있다. 특히 2019년 실적이 저조하였음에도 불구하고 R&D 비용이 증가한 것을 볼 수 있다. 창사 이래 사상 처음으로 R&D 비용이 2019년에 3조원을 돌파하였으며 이는 SK하이닉스에 대한 그룹 차원의 기대가 크다는 것을 증명하고 있다. 앞으로도 SK하이닉스는 지속해서 R&D 비용을 늘려 나아갈 예정이다.

〈표 16〉 SK하이닉스의 R&D 지출현황

단위: 백 만원

	2015년	2016년	2017년	2018년	2019년
금액	1,969,588	2,096,733	2,487,033	2,894,954	3,188,531

자료: SK하이닉스 연결감사보고서

SK하이닉스는 기존 반도체 생산기지인 이천과 청주를 연결할 수 있는 용인부지에 반도체 생산 거점을 2022년 설립목표로 추진하고 있다. 용인시에 들어설 공장은 SK하이닉스의 국내외 50개 이상 협력회사가 참여하여 반도체 클러스터를 조성하는 것으로 120조 원이 투자되는 대규모 사업이다.[16]

16) 조재범, "SK하이닉스, 행복날개 달고 화려한 비상", 뉴데일리 경제 2020년 4월 8일.
(http://biz.newdaily.co.kr/site/data/html/2020/04/08/2020040800034.html)

뿐만 아니라 최근 SK하이닉스는 인텔의 낸드플래시 사업을 인수함으로써 낸드플래시 시장에서도 시장지배력이 강화될 것으로 보인다.

이를 통해 SK하이닉스는 제2의 도약을 할 수 있도록 만반의 준비를 하고 지속적인 투자를 이어 나아갈 계획이다. 반도체 사업은 지속적인 투자가 중요하다. 그동안 기업들이 특히 불황일 때 얼마나 투자를 하였는지가 성장의 중요한 계기가 되기도 하였다.

앞으로 SK하이닉스의 비즈니스 전망도 긍정적으로 보이며 메모리반도체뿐만 아니라 시스템반도체 분야에서도 많은 성과가 기대되고 있다.

4. 마이크론 테크놀로지(Micron Technology)

마이크론은 1978년 반도체 디자인 컨설팅 회사로 처음 사업을 시작하였다. 이후 마이크론은 1981년 64K DRAM의 생산을 기점으로 반도체 제조회사로 사업을 전환하였다. 현재 마이크론은 삼성반도체와 SK하이닉스 다음으로 메모리 빅 3중 하나인 미국 반도체 기업이며 기업 매출 규모도 전 세계 Top 5 안에 들고 있다. 마이크론은 2005년에 인텔과 합작사인 IM 플래시 테크놀로지스를 설립해 낸드플래시를 생산하였다.

2008년에는 독일의 키몬다(Qimonda)를 인수하였을 뿐만 아니라 2012년에 일본의 메모리반도체 회사인 엘피다(Elpida)가 파산하자 25억 달러에 인수하였다. 마이크론은 메모리반도체에 대한 저비용의 제조능력을 보유함으로써 과거 치킨게임에서 모든 미국 메모리반도체 기업들이 시장에서

철수하였음에도 불구하고 지금까지 유일하게 살아남은 기업이다. 지금은 전 세계 18개 국가에 진출해 있고 생산거점은 13개 지역이며 종업원 수는 37,000명에 이른다. 나아가 마이크론은 특허를 이미 43,000개나 보유하고 있으며 지금도 다양한 연구기관들과 새로운 제품을 개발하기 위해 파트너십을 맺고 있다.

마이크론은 주요 제품으로 DRAM, NAND Flash, NOR Flash 그리고 3D XPoint를 보유하고 있으며 이외에도 Crucial이라는 브랜드를 가지고 있다. 매출의 대부분은 DRAM과 NAND Flash에서 나오고 있다. 따라서 마이크론은 경기변동 사이클에 의한 메모리반도체 가격의 등락에 따라 매출의 변화가 심한 편이다.

마이크론은 조만간 고성능 D램 고대역폭 메모리(HBM) 시장에 본격적으로 뛰어들 것으로 전망된다. 이미 삼성반도체와 SK하이닉스에서 HBM을 개발하여 판매하고 있어서 앞으로 경쟁은 더욱 치열해질 것으로 보인다. 다만 이미 시장에서 경쟁력을 갖춘 양사를 대상으로 마이크론이 얼마나 시장을 빼앗을 수 있을지는 의문이다.

〈표 17〉 마이크론의 역사

연도	내 용
1978	회사창립
1979	64K DRAM설계의 완성
1981	최초 64K DRAM 제품출하
1984	세계 최소 256K DRAM칩 발표
1987	1Mb DRAM 시장에 전개

1988	비디오 RAM 및 고속 RAM제품 발매
1992	16Mb DRAM으로 Windows 3.1 PC 실현
1999	업계최초 DDR DRAM 발표
2000	SRAM이 메모리대역폭을 2배로 증대
2002	110nm프로세스에서 업계 최초1Gb DDR 발표
2003	1.3 메가픽셀 CMOS 이미지센서 개발
2004	휴대전화용 RAM 발표
2005	대용량 저전력 모바일 LPDRAM 발매
2006	Mongoose 테스터 개발
2007	업계 최초 더블피치 NAND개발
2009	SSD, RealSSD™ C300 출하
2011	세계 최초 20nm MLC NAND 발표
2012	업계 최초 2.5 인치 PCIe SSD제조
2013	세계 최소 16nm 낸드플래시 발매
2014	업계 최초 8Gb DDR3 SDRAM 리드
2015	3D NAND 최대용량 플래시 발표
2016	그래픽 DRAM, GDDR5X 발매
2017	IoT기기용 Authenta™ 보안기술 발표
2018	업계 최초 NAND적용 SSD 출하

자료: 회사홈페이지

다음 〈표 18〉은 마이크론의 경영실적이다. 2017년부터 매출이 크게 증가세를 보이기 시작하다가 2019년에 다시 하락한 것을 볼 수 있다. 이는 다른 메모리반도체 기업들과 마찬가지로 2019년 메모리반도체 시장이 좋지 않았기 때문이다.

〈표 18〉 마이크론의 경영실적

단위: 백만 달러

	2014년	2015년	2016년	2017년	2018년	2019년
매출	16,358	16,192	12,399	20,322	30,391	23,406
매출총이익	5,437	5,215	2,510	8,436	17,891	10,833
순이익	3,310.9	2,910.5	−223.8	5,388.8	14,196.7	6,740.1

자료: 회사내부자료

다음 〈표 19〉는 마이크론의 주요 사업 부문별 매출이다. 컴퓨터와 네트워킹 사업부가 42.6%로 가장 높다. 그다음으로 모바일 사업부는 27.4%고 스토리지 사업부가 16.3%며 임베디드 사업부는 13.4%다.

〈표 19〉 마이크론의 주요 사업부문별 매출

단위: 백만 달러

	2018년		2019년	
컴퓨터와 네트워킹 사업부 (CNBU)	15,252	50.2%	9,968	42.6%
모바일 사업부 (MBU)	6,579	21.6%	6,403	27.4%
스토리지 사업부 (SBU)	5,022	16.5%	3,826	16.3%
임베디드 사업부 (EBU)	3,479	11.4%	3,137	13.4%
기타	59	0.2%	72	0.3%

자료: 하나금융투자

〈표 20〉의 마이크론의 주요 지역별 매출을 보면 미국이 53.2%로 가장 높다. 다음은 중국, 대만과 홍콩의 순이다. 다만 중국 화웨이에 대한 미국의 제재로 중국지역의 매출이 2021년부터 다소 떨어질 수도 있을 것으로 보인다.

〈표 20〉 마이크론의 주요 지역별 매출

단위: 백만 달러

국가	2019년	
미국	12,451	53.2%
중국	3,595	15.4%
대만	2,703	11.5%
홍콩	1,614	6.9%
기타	1,053	4.5%
타 아시아태평양 지역	1,032	4.4%
일본	958	4.1%

자료: 하나금융투자

메모리반도체 시장은 치킨게임 이후에 3개 회사의 과점시장이 되었을 뿐만 아니라 4차 산업과 함께 새로운 애플리케이션이 지속적으로 생겨나고 있기 때문에 마이크론의 미래전망도 나쁘지 않다. 하지만 많은 중국기업들이 메모리반도체 시장에서 계속해서 경쟁력을 갖추어 나아가고 있기 때문에 마이크론에도 큰 위협이 되고 있다.

제3장
팹리스(Fabless) 기업

1. 브로드컴(Broadcom)
2. 퀄컴(Qualcomm)
3. 엔비디아(NVIDIA)
4. 미디어텍(MediaTek)
5. AMD(Advanced Micro Devices)

제3장

팹리스(Fabless) 기업

팹리스 기업은 설계를 전문적으로 하는 기업이다. 설계만을 전문적으로 진행하지만, 자사의 브랜드로 반도체를 파운드리 기업에서 제조하여 판매할 수 있다. 특히 최근 공정기술이 7nm 이하로 내려감에 따라 반도체 제조 비용이 천문학적인 금액으로 치솟고 있기 때문에 직접 제조를 하는 것은 어느 반도체 기업이든 부담이 될 수밖에 없다. 이런 이유로 기존의 많은 IDM 기업들은 팹을 축소하고 대신 제조는 파운드리 기업에 맡기는 경우가 늘고 있다. 최근 시스템반도체를 생산하는 많은 IDM 기업들이 이런 식으로 비즈니스를 전환하고 있다. 그리고 창업 시점에서부터 아예 팹리스 기업으로 시작하는 경우가 늘고 있다. 뿐만 아니라 많은 소프트웨어 대기업들이 자체적으로 칩을 설계하고 있다.

이런 현상은 앞으로도 지속될 수밖에 없다. 또한 팹리스 기업의 장점은 팹을 보유할 필요가 없기 때문에 아무래도 IDM 기업이나 파운드리 기업보다는 자본이 많이 들지 않아 비교적 리스크가 적은 점이다. 나아가 고객의 니즈를 바로 반영하여 빠르게 효과적으로 대응할 수도 있다. 대표적인 대형 팹리스 기업은 브로드컴, 퀄컴, 엔비디아, 미디어텍과 AMD 같은 기업들이다.

〈표 21〉 팹리스 기업의 순위

단위: 백만 USD

순위	회사	2019년	2018년
1	브로드컴	17,246	18,547
2	퀄컴	14,518	16,370
3	엔비디아	10,125	11,163
4	미디어텍	7,962	7,882
5	AMD	6,731	6,475
6	자일링스	3,236	2,868
7	마벨	2,708	2,823
8	노바텍	2,085	1,813
9	리얼텍	1,965	1,518
10	다이알로그	1,421	1,442
합계		67,997	70,901

자료: 트렌드포스(TrendForce)

1. 브로드컴(Broadcom)

브로드컴은 1991년 회장이자 CTO인 헨리 사무엘리(Henry Samueli)와 그의 제자 헨리 T. 니콜라스(Henry T. Nicholas) 3세가 공동으로 창립한 회사다. 2016년 싱가포르 기업인 아바고가 미국기업인 브로드컴을 인수하면서 지금은 브로드컴의 사명을 이용하고 있다. 브로드컴의 사업은 주로 유무선의 통신 분야에 특화하고 있으며 미국 캘리포니아 산호세와 싱가포르에 공동으로 본사를 두고 있다. 브로드컴은 퀄컴과 같이 통신분야의 반도체를 취급하고 있어 양사는 라이벌 관계에 있으며 퀄컴과 팹리스 순위에서 1, 2위를 다투다가 퀄컴의 1위 자리를 빼앗아오게 되었다. 그리고 브로드컴은 반도체기업 전체의 순위를 보더라도 2019년 기준으로 전 세계 5위를 기록하고 있다. 몇 년 전 브로드컴은 퀄컴을 인수하려고 시도하여 협상이 순조롭게 진행되기도 하였으나 미국에서 반대하여 결국 성사되지 못하였다. 브로드컴의 성장전략에서 특징으로 볼 수 있는 것은 필요한 기업을 적절한 시점에 인수합병을 하여 기업의 규모를 키워오고 있다는 점이다. 이와 동시에 성장에 중요하지 않은 부문은 매각하는 방법으로 비즈니스에 대한 포트폴리오를 최적화하고 있다. 브로드컴의 사업은 크게 반도체 부문과 인프라 소프트웨어 부문으로 나뉘어 있고 반도체 부문이 75% 정도의 매출을 점유하고 있다. 반도체 부문은 Storage & Systems, Wireless, Wired Connectivity 그리고 Optical의 제품으로 구성되어 있으며 소프트웨어 부문은 Mainframe Software, Enterprise Software와 Security로 구성되어 있다.

브로드컴은 그동안 많은 회사들을 대상으로 인수합병을 하면서 지속해서 직원 수가 증가하여 지금은 전 세계 19,000명 정도의 직원들을 두고 있다. 나아가 브로드컴은 2019년 R&D 투자 비용이 47억 달러에 이른다. 이에 따라 특허 보유수도 23,000개 이상에 이른다.

〈표 22〉 브로드컴의 역사

연도	내용
1991	회사설립
1999	휴렛팩커드의 의료기기와 계측기 사업이 에질런트 테크놀러지(Agilent Technology)로 분사
2005	에질런트의 반도체 사업 부문이 아바고 테크놀러지(Avago Technologies)로 분사
2007	Infineon Technologies AG로부터 Fiber 사업 인수
2008	Nemicon Rotary Encoders Corp. 인수
2013	CyOptics Inc. & Javelin Semiconductor Inc. 인수
2014	PLX Technology Inc. & LSI Corp. 인수
2015	Emulex Corp. 인수
2016	아바고는 브로드컴을 인수, 사명을 Broadcom Limited로 변경
2017	Brocade Communications Systems, Inc. 인수
2018	CA Technologies, Inc. 인수
2019	Symantec 엔터프라이즈 보안사업 인수

자료: 회사홈페이지를 편집

〈표 23〉은 브로드컴의 경영실적이다. 매년 실적이 증가하고 있으나 영업이익은 2016년 마이너스를 기록하기도 하였다. 지금까지 많은 기업을 대상으로 지속적으로 인수합병을 진행해오고 있어 매출이 증가추세에 있다. 최근에는 주로 소프트웨어 기업들을 인수하여 소프트웨어 부문을 강화하고 있다.

〈표 23〉 브로드컴의 경영실적

단위: 백만 USD

	2015년	2016년	2017년	2018년	2019년
매출	6,905	13,292	17,665	20,862	22,597
영업이익	1,632	-409	2,371	5,135	3,444

자료: 회사홈페이지 (소프트웨어 포함)

브로드컴은 TSMC, SMIC, UMC와 타워세미 등 다양한 파운드리 기업들에 제품을 위탁하여 생산하고 있다. 최근 브로드컴의 주요 고객들을 살펴보면 애플(20%), WT Micro(14%), 혼하이(5.2%), 화웨이(3.8%)와 삼성전자(3.2%) 등이다. 나아가 5G 이동통신과 코로나19로 인한 비대면 네트워크 수요의 증가에 따라 실적이 향상되고 있다.

〈표 24〉는 브로드컴의 2019년 지역별 실적이다. 중국이 35.7%로 1위고 아태지역이 20.7%로 2위다. 다음은 미국이 18.7%로 3위고 싱가포르가 11.1%로 4위며 유럽, 중동, 아프리카가 9.8%로 5위다.

지금은 미국과 중국 간의 무역 분쟁이 진행되고 있기 때문에 중국의 매출 비중이 높다는 것은 앞으로 큰 리스크가 될 수도 있다. 하지만 앞으로 본격적인 5G 시대의 개막과 자율자동차에 탑재되는 통신 반도체의 수요를 생각해 보면 회사의 전망은 밝다고 볼 수 있다.

〈표 24〉 브로드컴의 2019년 지역별 실적

단위: 백만 USD

	금액	%
중국	8,056	35.7%
아태지역	4,668	20.7%
미국	4,235	18.7%
싱가포르	2,507	11.1%
유럽, 중동, 아프리카	2,217	9.8%
기타	914	4%
총계	22,597	100%

자료: 회사내부자료

2. 퀄컴(Qualcomm)

퀄컴은 1985년 어윈 제이콥스(Irwin Mark Jacobs)가 그의 친구들과 함께 미국 샌디에이고에서 설립한 회사다. 그는 1985년부터 2005년까지 20년 동안 회사의 CEO를 맡았다. 처음에는 CDMA 기술이 아닌 장거리 트럭 수송기업이 사용하던 OmniTRACS 위성 위치와 메시지 서비스로 사업을 시작하였다. 하지만 점차 모바일 시장이 도래하면서 CDMA 기술의 가능성을 크게 보고 CDMA 기술로 주요 사업을 전환하였다. 퀄컴은 CDMA 기술을 이동통신 분야에 적용하여 우수한 성능을 보일 수 있다는 사실을

믿지 않았던 사람들 때문에 처음에는 CDMA 기술을 전 세계에 알리는 데 많은 어려움을 겪기도 하였다. 하지만 퀄컴은 절대 포기하지 않는 불굴의 정신으로 끊임없는 노력을 기울인 결과로 1993년 한국에서 처음 CDMA 기술이 상용화되기 시작하면서 점차 CDMA 사업으로 자리를 잡을 수 있게 되었다.

현재 퀄컴의 사업부는 QCT(Qualcomm CDMA Technologies) 부문, QTL(Qualcomm Technology Licensing) 부문과 QSI(Qualcomm Strategic Initiative) 부문 등 총 3개 부문으로 구성되어 있다. QCT 부문은 통신용 반도체 설계와 공급을 진행하는 사업부고 QTL 부문은 통신 관련 기술에 대한 라이선스를 제공하는 사업부며 QSI 부문은 새로운 사업에 대한 연구 및 투자를 진행하는 사업부다. 특히 퀄컴은 2019년 스마트 폰용 AP 시장에서 40%의 점유율을 보이고 있어 전 세계에서 시장점유율 1위를 기록하고 있다.

〈표 25〉 퀄컴의 역사

연도	내용
1985	회사 설립
1988	OmniTRACS 출시
1993	미국 통신산업협회에서 CDMA기술을 셀룰러 표준으로 채택
1999	L.M. Ericsson과 특허침해 소송 해결
2002	China Unicom에서 CDMA기술 실행동의
2004	영국 게임브리지 휴대전화의 UI 소프트웨어 개발사인 트라이세닉스 인수

2005	어윈 제이콥스의 아들인 폴 제이콥스(Paul Jacobs) CEO승계
2013	Steven Mollenkopf CEO승계
2014	블루투스 칩으로 유명한 영국 CSR 인수
2016	최초 5G 모뎀 칩 출시
2019	퀄컴의 5G 기술이 적용된 스마트 폰 판매

자료: 위키백과, 나무위키

지금 퀄컴은 CDMA 기술의 최고 강자로 자리매김하였다. 특히 통신용으로 주로 쓰이는 AP 칩인 스냅드래곤(Snapdragon)은 세계 최고의 기술력을 자랑하고 있다. 앞으로 5G, AI, 자율자동차와 사물인터넷 등의 새로운 애플리케이션에 퀄컴의 스냅드래곤이 적용될 가능성이 크기 때문에 큰 기대가 되고 있다.

다음의 〈표 26〉은 스냅드래곤 시리즈에 대한 스펙이다. CPU 최고 Clock 속도와 LTE 최고 다운 속도는 시리즈 숫자가 높아질수록 성능이 좋아지는 것을 볼 수 있다. 하지만 단일카메라 최고 화소는 스냅드래곤 6 이후는 변화가 없다.

〈표 26〉 스냅드래곤 시리즈의 스펙

시리즈	CPU 최고 Clock 속도	LTE 최고 다운 속도	단일카메라 최고 화소
스냅드래곤 8	2.84GHz	2Gbps	192MP
스냅드래곤 7	2.2GHz	800Mbps	192MP
스냅드래곤 6	2.0GHz	600Mbps	192MP
스냅드래곤 4	1.8GHz	300Mbps	48MP
퀄컴 2	1.3GHz	150Mbps	16MP

자료: 키움증권 리서치

다음 〈표 27〉은 퀄컴의 경영실적이다. 매출은 2016년, 2017년에 감소 추세를 보이다가 2018년부터 다시 상승하고 있다. 5G 분야에 대한 수요가 증가하여 2020년 매출도 향상되었다.

〈표 27〉 퀄컴의 경영실적

단위: 백만 USD

	2015년	2016년	2017년	2018년	2019년
매출액	25,281	23,554	22,291	22,611	24,273
영업이익	5,776	6,495	2,614	621	7,667
당기 순이익	5,271	5,705	2,466	-4,964	4,386

자료: Bloomberg

〈표 28〉은 퀄컴의 2019년 부문별 실적이다. 퀄컴의 QCT 부문이 75%로 가장 매출이 높다. 이는 스마트 폰에 주로 쓰이는 AP 칩인 스냅드래곤 시리즈가 가장 큰 매출 비중을 차지하고 있기 때문이다. 다음은 QTL 부문으로 23%고 QSI 부문은 1%밖에 차지하고 있지 않다.

〈표 28〉 퀄컴의 2019년 부문별 실적

단위: 백만 USD

	매출금액	비율
QCT	14,639	75%
QTL	4,591	23%
QSI	152	1%
기타	168	1%

자료: 회사내부자료

Strategy Analytics의 자료에 따르면 퀄컴의 5G 스마트 폰의 AP 시장 점유율은 2019년 기준으로 87.9%를 점유하고 있으며 다음은 삼성전자, 인텔 그리고 하이실리콘 순이다. 스마트 폰 시장에서는 퀄컴과 상대할 수 있는 회사가 거의 없을 정도로 독보적이다. 최근 삼성전자가 갤럭시 S20의 대부분 모델에 자사 제품인 Exynos 제품 대신에 퀄컴의 스냅드래곤 865를 채택한 것을 보더라도 퀄컴의 기술력이 어느 정도인지 알 수 있다. 뿐만 아니라 퀄컴은 자율자동차, 클라우드와 노트북 시장에도 본격적으로 진출을 준비하고 있다. 이처럼 퀄컴은 점차 활동 범위를 넓혀 다양한 시장에서 영향력을 발휘하고 있다.

퀄컴의 스마트 폰 외 시장의 매출은 2019년 기준으로 전체 매출의 약 18%인 34억 달러다.[17]

퀄컴은 줄어들고 있는 스마트 폰 시장의 매출을 보충하려 다른 시장에서의 점유율을 점차적으로 높여 나아가고 있다. 특히 5G, AI, 자율자동차와 사물인터넷 등의 새로운 시장이 점차 열리고 있기 때문에 앞으로 퀄컴의 전망도 매우 밝다고 볼 수 있다. 나아가 퀄컴의 스냅드래곤 생산은 과거 대부분 TSMC에서 진행하였으나, 5nm 공정부터는 삼성파운드리를 통해 진행할 것으로 보인다.

3. 엔비디아(NVIDIA)

엔비디아는 1993년 대만 출신의 젠슨 황(Jensen Huang)을 비롯한 미국인 커티스 프리엠(Curtis Priem)과 크리스 말라초스키(Chris Malachowsky)가 설립한 회사다. 지금은 AMD와 같이 전 세계 외장형 GPU 시장을 양분하고 있으며 특히 엔비디아는 GPU 시장에서 최고의 경쟁력을 보유하고 있다. 과거 GPU의 위세는 CPU보다 그리 강하지 않았지만 최근 GPU가 인공지능과 관련한 데이터의 처리에서 탁월한 성능을 보이면서 GPU는 인공지능 시대의 대표적인 반도체가 되었다.

---

17) 최덕수, "모바일 AP 점유율 88%, 스마트폰 두뇌를 책임지는 퀄컴", 앱스토리 2020년 5월 29일, (https://news.appstory.co.kr/column13314)

최근 많은 데이터가 새롭게 생성됨에 따라 데이터센터(Data Center)의 시장이 커지면서 GPU의 수요가 급격하게 증가하고 있어 엔비디아는 큰 수혜를 입고 있다. 뿐만 아니라 자율자동차도 주행 중 주변의 다양한 정보를 취합하고 처리해야만 하므로 GPU에 대한 수요는 더욱 커질 전망이다. 그만큼 엔비디아의 성장 가능성은 앞으로가 더 기대된다고 할 수 있다. 얼마 전 엔비디아는 시가총액에서 인텔을 추월하여 업계에서 큰 화제가 되기도 하였다. 이는 과거의 CPU 시대에서 앞으로는 GPU 시대로 넘어가고 있음을 알 수 있다. 더욱이 엔비디아는 GPU에 CPU기능을 탑재한 GPGPU(General-Purpose computing on Graphic Processing Unit)를 만들면서 CPU 시장도 넘보고 있다.

나아가 성능을 더욱 개선시킬 수 있는 소프트웨어인 쿠다(Computed Unified Device Architecture: CUDA)를 개발하여 무상으로 제공하였다(쿠다의 역할은 빅데이터와 같은 많은 양의 연산을 동시에 처리하는 것이다). 과거 젠슨 황은 AMD에서 CPU 엔지니어였기 때문에 CPU를 만들고 싶어 하였으나 인텔이라는 거대한 경쟁자가 있었기 때문에 GPU를 만들 수밖에 없었다. 하지만 지금 엔비디아는 모든 면에서 인텔을 크게 위협하고 있다.

〈표 29〉 엔비디아의 역사

연도	내용
1993	캘리포니아에서 회사 설립
1998	TSMC와 파트너십 체결
1999	나스닥에 상장하고 지포스 256으로 처음 시작
2000	그래픽 파이오니어로 알려진 3DFX 사를 인수
2002	미국에서 가장 빨리 성장하는 기업으로 선정
2003	Media Q 인수
2006	CUDA 아키텍처 공개
2008	TEGRA 모바일 프로세서 출시
2011	베이스밴드 부문 선도기업인 ICERA 인수
2015	TEGRA X1 출시 후 딥러닝 분야 진출
2017	GPU 딥러닝 VOLTA를 통해 최신 AI를 확장
2020	Mellanox 인수완료

자료: 회사홈페이지

〈표 30〉은 엔비디아의 경영실적이다. 매년 실적이 크게 개선되고 있는 것을 볼 수 있다. 앞으로도 엔비디아는 데이터센터와 자동차 시장에서 매출이 지속해서 증가할 것으로 기대되고 있어 전체적으로 실적은 좋아질 수밖에 없는 구조라 할 수 있다.

〈표 30〉 엔비디아의 경영실적

단위: 백 만 USD

	2016년	2017년	2018년	2019년
매출액	5,010	6,910	9,714	11,716
영업이익	747	1,934	3,210	3,804

자료: Blommberg

〈표 31〉은 엔비디아의 2019년 지역별 실적이다. 1위인 대만이 28.7%로 가장 높고 다음은 중국이 2위로 23.9%다. 3위는 한국과 일본을 포함한 아태지역으로 20.2%고 4위는 미국으로 12.9%다. 마지막으로 5위는 유럽으로 7.8%다.

〈표 31〉 엔비디아의 2019년 지역별 실적

단위: 백 만 달러

	금액	비율
대만	3,360	28.7%
중국	2,801	23.9%
다른 아태지역	2,368	20.2%
미국	1,506	12.9%
유럽	914	7.8%
기타	767	6.5%

자료: 회사내부자료

〈그림 7〉은 엔비디아의 적용제품별 매출 비율이다. 1위는 게임으로 51%를 차지하고 있고 2위는 데이터센터로 27%다. 고성능 네트워크 기술 기업인 멜라녹스 테크놀로지(Mellanox Technologies)를 인수하여 데이터센터의 매출비중이 높게 나타났다. 3위는 프로페셔널 비주얼라이제이션(Professional Visualization)이다. 이는 CAD와 CAM을 사용하는 엔지니어나 컴퓨터 그래픽을 전문적으로 사용하는 그룹을 대상으로 하는 사업 영역이며 11%를 차지하고 있다. 4위는 자동차로 6%며 5위는 OEM / IP로 5%다.

〈그림 7〉 엔비디아의 현재 적용제품별 매출비율

자료: 회사내부자료

엔비디아는 지난 10년간 한 해 매출 대비 20%에서 30% 정도를 R&D에 투자해 왔으며 반도체기업 중에서 가장 높은 것으로 알려져 있다. 이런 투자를 바탕으로 2년마다 새로운 GPU 제품을 발표하고 있다. 이것이 가능한 이유는 높은 R&D 투자로 새로운 제품을 내놓을 때마다 많은 이익을 거둘 수 있었기 때문이다. 이런 이익은 다시 새로운 R&D 투자로 이어져 선순환의 모델을 가질 수 있었다. 따라서 앞으로도 엔비디아는 4차 산업의 새로운 시장에서 지속해서 성장세를 이어 나아갈 것으로 기대되고 있다. 아울러 엔비디아는 최근 칩리스 기업인 ARM을 인수하기로 발표하고 새로운 도약을 위해 준비하고 있다. 이는 반도체 업계에 큰 충격이었지만 앞으로 중국과 영국 정부가 ARM의 인수를 승인할 수 있을지는 미지수다. 만약 이번 인수가 성공리에 마무리된다면 엔비디아는 분명 반도체 업계를 다시 재편하게 될 수 있을 것으로 보인다.

4. 미디어텍(MediaTek)

미디어텍은 대만의 팹리스 기업으로 무선 통신기기, 광학 저장기기, HDTV, DVD 그리고 AP 등의 칩을 설계하여 판매하고 있다. 미디어텍은 원래 UMC의 디자인하우스에서 출발하였으나 1997년에 분사하여 설립된 회사다. 현재 미디어텍은 전체 반도체 업계 순위 15위이며 팹리스 기업으로서 순위는 4위에 기록되어 있다. 대만은 TSMC와 UMC 등 파운드리 사업에 있어 강국이기 때문에 팹리스 기업들이 성장할 수 있는 환경이 오래전부터 조성되었다. 따라서 대만에서 많은 팹리스 기업들이 크게 활약하고 있다. 현재 미디어텍은 인원이 18,000명 가까이 있으며 이 중 15,000명이상이 R&D분야에 근무하고 있다.

미디어텍의 주력 제품은 스마트 폰에 탑재되고 있는 AP라고 할 수 있다. 퀄컴이 고가의 AP를 판매하고 있는 반면, 미디어텍은 주로 중저가의 AP를 판매하고 있으며 주요 고객은 중국의 스마트 폰 기업들이다. 따라서 중국 시장에 대한 매출 비중이 높은 편이다. 특히 미디어텍은 2019년부터 모바일 분야의 5G 기술에 집중하여 많은 투자를 해오고 있으며 퀄컴을 따라잡을 수 있도록 노력을 기울이고 있다. Counterpoint의 자료에 따르면 2019년을 기준으로 전 세계 AP의 시장점유율은 퀄컴이 33%고 미디어텍이 25%다. 다음은 삼성반도체 14%, 애플 13%, 하이실리콘 12%, 기타 3% 순이다. 아울러 최근 미국의 화웨이에 대한 제재에 따라 화웨이는 자회사인 하이실리콘의 설계를 통한 TSMC에 위탁생산이 불가능해지게 되었다. 이에 따라 화웨이는 미디어텍의 AP를 사용할 수밖에 없는 상황이 되었으며 결과적으로 미디어텍의 매출은 급격하게 증가하고 있다.

〈표 32〉 미디어텍의 역사

연도	내용
1997	회사설립
1998	48x CD-ROM chipset 출시
2000	12x CD-R/RW chipset 출시
2001	대만 주식시장 상장 (TSE)
2003	DVD-Dual chipset 플랫폼 출시
2005	HDTV 와 Super-Multi SoCs 출시
2006	디지털 TV chip과 Blu-ray 플랫폼 출시
2010	보스톤 컨설팅그룹의 "World's Best Performing Technology Companies" 2위 선정
2011	CommonWealth Magazine의 "Most Admired Companies in Taiwan" top 10 선정
2013	포브스의 "World's Most Innovative Companies"에 선정
2016	2년 연속 CommonWealth Magazine 의 "Corporate Citizen Award" 수상
2020	International Solid State Circuit Conference (ISSCC) 에서 11편의 논문 발표

자료: 회사홈페이지

다음의 〈그림 8〉은 미디어텍의 제품으로 모바일 제품이 메인이라 할 수 있다. 미디어텍은 과거에 자체 브랜드를 갖고 있지 않았지만 2015년 자체 브랜드인 Helio 시리즈를 출시하였으며 2019년에는 Dimensity 시리즈를 출시하였다.

〈그림 8〉 미디어텍의 제품

자료: 회사내부자료

〈표 33〉은 미디어텍의 경영실적이다. 2018년까지는 매출이 오르락내리락하다가 2019년부터 상승세를 보이고 있으며 2020년도 증가하였다. 미국의 화웨이에 대한 제재로 미디어텍이 큰 혜택을 보았기 때문이다.

〈표 33〉 미디어텍의 경영실적

단위: NT$ 십억

	2015년	2016년	2017년	2018년	2019년
매출액	213.3	275.5	238.2	238.1	246.2
순이익	25.8	24.0	24.1	20.8	23.2

자료: 회사홈페이지

〈표 34〉는 미디어텍의 제품별 매출이다. 매출 비율은 모바일 부문이 가장 높다. 최근 미디어텍은 5G 분야에 많은 투자를 하고 있기 때문에 모바일 부문이 앞으로도 계속해서 증가할 전망이다.

〈표 34〉 미디어텍의 제품별 매출

단위: NT$ 백만

	2018년	비율	2019년	비율
모바일(Mobile)	84,700	36%	85,896	35%
성장(Growth)	74,402	31%	82,906	34%
성숙(Mature)	78,955	33%	77,420	31%
총계	238,057	100%	246,222	100%

자료: 회사내부자료

〈표 35〉는 미디어텍의 R&D 투자다. 미디어텍은 매년 R&D 비용을 지속해서 증가시켜왔으며 이는 관련 업계에서 최상위에 속한다. 앞으로도 미디어텍의 R&D 투자는 지속해서 증가할 것으로 예상된다.

〈표 35〉 미디어텍의 R&D 투자

단위: NT$ 십억

	2014년	2015년	2016년	2017년	2018년	2019년
금액	43.3	49.5	55.7	57.2	57.5	63.0

자료: 회사홈페이지

미디어텍은 최근까지 AI와 5G에 많은 투자를 해오고 있으며 앞으로도 집중적으로 투자할 계획이다. 이와 동시에 미래의 시장이 밝은 분야인 스마트홈, 커넥티비티, 사물인터넷, 웨어러블과 자율자동차 분야에 칩셋 솔루션을 제공할 예정이다. 최근 AP 시장에서 미디어텍이 퀄컴을 따라잡게 되었다는 기사가 나오고 있어 앞으로 더욱 기대되는 기업이다.

5. AMD(Advanced Micro Devices)

AMD는 1969년 페어차일드 반도체의 제리 샌더스(Jerry Sanders)가 7명의 이사를 데리고 나온 후 설립하게 된 미국기업이다. 원래 IDM 기업으로 제조 부문도 있었으나 제조 부문은 글로벌파운드리로 떨어져 나가게 되었기 때문에 지금은 팹리스 기업이 되었다. 2016년까지 유일한 경쟁기업인 인텔에 밀려 CPU 시장에서 큰 빛을 보지 못하고 만년 2위 자리에 머무르고 있었던 기업이다.

주요 제품은 크게 두 가지로 구성되어 있다. 첫 번째 제품은 CPU로 인텔과 경쟁하고 있으며 두 번째 제품은 GPU로 엔비디아와 경쟁을 하고 있다. 한때 인텔과의 경쟁에서 크게 뒤처지게 되어 위기의 순간도 여러 번 있었으나 이를 잘 극복하고 지금은 인텔을 크게 위협할 정도로 지속적으로 성장하고 있다. 이와 같이 AMD가 위기를 극복할 수 있었던 배경에는 리사 수(Dr. Lisa Su)가 CEO로 취임하고부터 라이젠 시리즈에 집중하여 지속해서 투자를 하였기 때문이다. 특히 인텔이 7nm 공정에 아직도 진입하지 못하고 있지만, AMD는 이미 TSMC에 위탁생산하여 7nm 제품을 시장에 내놓음으로써 인텔보다 공정경쟁에서 앞서가고 있다. 2020년 말 ZEN3 아키텍처 기반의 라이젠 5000시리즈 프로세서를 출시하였기 때문에 인텔과의 경쟁이 어떤 식으로 진행될지 관심이 모아지고 있다. 나아가 코드명 빅 나비(Big Navi)로 알려진 차세대 라데온 GPU인 RX 6000시리즈도 2020년 말 출시하였다. 이는 엔비디아의 지포스 최신 제품인 RTX 2080 Ti와 경쟁할 수 있는 제품이다. 뿐만 아니라 AMD는 인공지능 시대에 대비하기 위해 2020년 말 FPGA 기업으로 유명한 자일링스(Xilinx) 인수를 발표하였다. AMD는 현재 PC용 CPU 시장에서 점유율이 20%가량을 차지하고 있으며 3년 전의 8%와 비교하면 12%포인트 늘어난 수치다.[18]

하지만 인텔이 서버 시장에서는 시장점유율이 95% 정도를 차지하고 있다. AMD는 아직까지 제품 신뢰성에 대한 검증을 받지 못하였기 때문에 서버 시장에서 큰 힘을 쓰지 못하고 있다. 만약 AMD가 자일링스를 문제없이 인수하게 된다면 인텔을 상대로 데이터센터 시장을 공략할 수 있을 것으로 보인다.

---

18) 윤민혁, "AMD, '삼성 인수설' 돌던 자일링스에 군침", 조선비즈 2020년 10월 13일.
(https://biz.chosun.com/site/data/html_dir/2020/10/12/2020101202243.html)

〈표 36〉 AMD의 역사

연도	내용
1969	회사 설립
1979	뉴욕 증권 거래소에 진입
1987	Monolithic Memories 인수
1991	AM386 출시하여 1년 안에 백만여 개 판매
1994	Compaq과 장기 거래개시
1996	마이크로프로세서 설계 기업인 NexGen 인수
2001	Athlon processor 출시(1-GHz microprocessor)
2002	저전력 임베디드 기술회사인 Alchemy Semiconductor 인수
2003	서버용 Opteron chip 출시
2006	PC를 위한 Video graphics cards 회사인 ATI Technologies 인수
2014	리사 수 박사(Dr. Lisa Su) CEO에 취임
2019	컴퓨텍스에서 ZEN 2 공개

자료: 나무위키

〈표 37〉은 AMD의 경영실적이다. AMD는 2016년까지 이익이 마이너스여서 시장에서 퇴출당할 수도 있었을 정도로 고전을 면치 못하였다. 하지만 실적이 매년 향상되고 있으며 앞으로도 매출과 이익이 크게 증가할 것으로 보인다. 2019년 매출 67억 3천 1백만 달러 중에 47억 1천만 달러는 컴퓨팅 & 그래픽 분야에 대한 매출이고 20억 2천 1백만 달러는 엔터프라이즈 분야에 대한 매출이다.

〈표 37〉 AMD의 경영실적

단위: 천 USD

	2016년	2017년	2018년	2019년
매출액	4,272,000	5,329,000	6,475,000	6,731,000
순이익	-497,000	43,000	337,000	341,000

자료: Bloomberg

〈표 38〉은 AMD의 2019말 기준 부문별 매출 비율이다. 데스크탑이 18.3%고 클라이언트 17%, 모바일 16.2%, 서버 4.5%, 전체 x86 & IoT가 15.5%다.

〈표 38〉 AMD의 2019말 기준 부문별 매출비율

부문	데스크탑	클라이언트	모바일	서버	전체 x86 & IoT
비율	18.3%	17%	16.2%	4.5%	15.5%

자료: 머큐리 리서치

〈표 39〉는 AMD의 R&D 투자 비용이다. 매년 R&D 비용이 증가하고 있는 것을 볼 수 있다. AMD는 지금 성장세를 타고 있는 기업이기 때문에 앞으로도 R&D 비용은 지속해서 증가할 전망이다.

〈표 39〉 AMD의 R&D 투자비용

단위: USD 백만

	2015년	2016년	2017년	2018년	2019년
순이익	947	1,008	1,196	1,434	1,547

자료: Statista 2020

최근 AMD는 라이젠으로 PC 시장에서 인텔의 점유율을 조금씩 빼앗아 오면서 시장에서 돌풍을 일으키고 있다. 이는 인텔보다 앞선 공정을 이용해 경쟁력을 가질 수 있었기 때문이다. 앞으로 인텔이 어떤 식으로 대응하게 될지 조금 더 지켜볼 필요가 있지만, AMD는 일정 기간 PC 시장에서 점유율을 지속해서 높여갈 가능성이 크다. 뿐만 아니라 AMD가 최근에 출시한 GPU도 인공지능 분야를 비롯한 다양한 분야에 적용될 수 있을 것으로 보이기 때문에 앞으로 AMD는 꾸준한 성장이 기대되는 기업이라 할 수 있다.

제4장

파운드리(Foundry) 기업

1. TSMC(Taiwan Semiconductor Manufacturing Company)
2. 삼성파운드리(Samsung Foundry)
3. 글로벌파운드리(GlobalFoundries)
4. UMC(United Microelectronics Corporation)

제4장

파운드리(Foundry) 기업

파운드리 기업은 팹리스 기업으로부터 생산을 위탁받아 진행하는 기업이다. 지금은 미세공정이 5nm까지 진행되고 있으며 대부분의 IDM 기업들은 10nm에 이르면서부터 미세공정을 더 이상 진행하기 어려운 상황에 이르게 되었다. 따라서 팹리스 기업들뿐만 아니라 IDM 기업들의 위탁제조에 대한 수요가 계속해서 늘어날 수밖에 없는 상황이 되었다. 물론 아날로그 반도체와 같이 미세화가 그리 필요하지 않은 공정이라 할지라도 파운드리 수요는 여전히 존재하기 때문에 이런 수요에 대응할 수 있는 파운드리 기업들도 여전히 필요하다. 예를 들면 DB하이텍과 같은 기업이다.

파운드리에 대한 수요는 팹리스 기업이 존재하는 이상 앞으로도 꾸준하게 지속될 수밖에 없고 성장 가능성도 가장 큰 분야다. 이런 파운드리 기업 중 대표적인 기업이 바로 TSMC다. TSMC는 파운드리 모델을 최초로 창시한 기업이고 세계 시장점유율을 50% 이상 차지하고 있으며 삼성파운드리가 TSMC를 뒤따르고 있는 양상이다. 그 외에 글로벌파운드리와 UMC가 있는데 이들 기업은 14nm 이하의 미세공정에 대해 더 이상 진행하지 않기로 이미 결정한 상태다.

〈그림 9〉 파운드리 시장의 전망

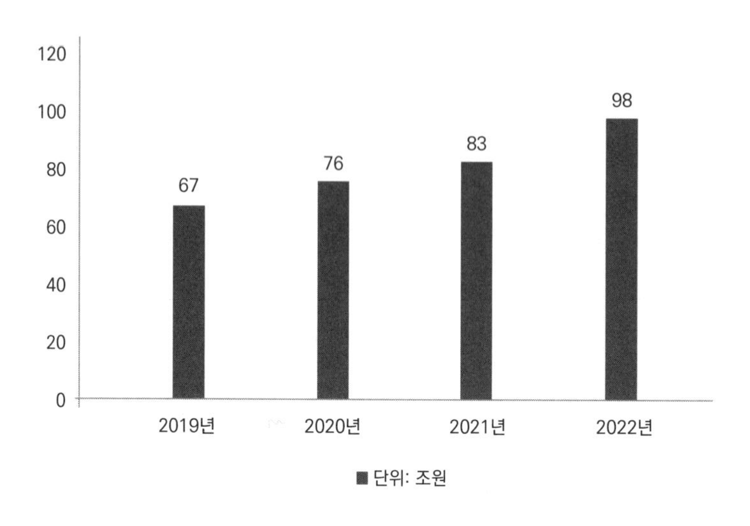

자료: 옴디아 (2020년 이후는 전망치)

1. TSMC(Taiwan Semiconductor Manufacturing Company)

TSMC는 1987년 모리스 장(Morris Chang)이 설립한 회사다. 처음 사업을 시작할 때 어떤 비즈니스 모델이 적합할지에 대한 많은 고민 끝에 파운드리라는 새로운 비즈니스 모델을 창안하게 되었다. 결과적으로 파운드리로 사업을 결정한 것은 성공적인 선택이었다. 회사를 설립한 후 몇 년간은 어려움을 겪기도 하였지만, 지금까지 꾸준하게 파운드리 사업을 확대해 올 수 있었다. 지금은 전 세계 파운드리 마켓의 50% 이상을 점유하고 있으며 지속해서 더 늘어날 가능성도 크다. 지금도 많은 고객으로부터 주문이 밀려들어 오고 있어 고객들의 필요한 물량을 제대로 소화하지 못할 정도이기 때문이다.

〈표 40〉 TSMC의 역사

연도	내용
1987	회사 설립
1990	첫 번째 자사 Fab 건설
1993	대만 최초 8 inch Fab건설
1994	대만 IPO
1996	미국 첫 번째 Fab 건설
1997	NYSE 상장 및 백 만개 웨이퍼 생산능력
1999	대만 최초 12 inch Fab 건설
2000	Tainan에 최초 Fab 건설, WSMC와 TI-Acer 합병
2004	12 inch Fab 양산
2008	Open innovation platform 출시
2011	Taichung에 12 inch Fab 건설
2013	최초 R&D 연구소 Fab 건설
2018	모리스 장 회장 은퇴
2020	시가총액 기준 세계 반도체 기업 1위

자료: Anysilicon 자료 편집

〈표 41〉은 TSMC의 경영실적이다. 매년 매출이 조금씩 향상되고 있는 것을 볼 수 있다. 미국의 제재에 따라 화웨이에 대한 수출금지로 타격을 입게 되었음에도 불구하고 2020년 매출이 크게 성장하였다. 그만큼 업계

의 리더로서 지금까지 많은 고객으로부터 기술력에 대한 인정과 신뢰를 쌓아온 결과다.

〈표 41〉 TSMC의 경영실적

단위: NT$ 십억

연도	매출	영업이익
2010	420	159
2011	427	142
2012	506	181
2013	597	209
2014	763	296
2015	843	320
2016	948	378
2017	977	386
2018	1,031	384
2019	1,070	373

자료: TSMC CSR Report자료

〈표 42〉는 TSMC의 지역별 시장점유율이다. 북미가 가장 높고 일본이 가장 낮다. 이는 과거 모리스 장이 텍사스 인스트루먼트 출신이어서 미국에 많은 네트워크가 있을 뿐만 아니라 팹리스 기업들이 주로 미국에 많은 것과 깊은 관련이 있다.

〈표 42〉 TSMC의 지역별 마켓셰어

지역	북미	중국	아시아태평양	유럽, 중동, 아프리카	일본
마켓셰어	60%	20%	9%	6%	5%

자료: TSMC CSR Report자료

〈표 43〉은 TSMC의 제품별 마켓셰어다. 스마트 폰이 49%로 가장 높다. 이는 애플의 스마트 폰에 들어가는 AP의 수량이 많기 때문이기도 하다. 다음은 고성능 컴퓨터가 30%고 사물인터넷(IoT)이 8%다. 그리고 디지털 가전이 5%며 자동차와 기타가 각각 4%를 차지하고 있다.

〈표 43〉 TSMC의 제품별 마켓셰어

분야	스마트 폰	컴퓨팅(HPC)	사물인터넷(IoT)	디지털 가전	자동차	기타
비율	49%	30%	8%	5%	4%	4%

자료: TSMC CSR Report자료

〈표 44〉는 TSMC의 2019년 웨이퍼 기술별 수익이다. 각 웨이퍼 기술별로 다양하게 분포되어 있으며 7nm가 가장 수익률이 높다.

〈표 44〉 TSMC의 2019년 웨이퍼 기술별 수익

기술	7nm	10nm	16nm	20nm	28nm	40 45nm
비율	27%	3%	20%	1%	16%	10%

기술	65nm	90nm	0.11nm 0.13um	0.15nm 0.18um	0.25um above
비율	8%	3%	2%	8%	2%

자료: KHAVEEN Investments

〈표 45〉는 TSMC의 R&D 투자현황이다. R&D 인력과 투자 비용 모두 매년 증가하고 있는 것을 볼 수 있다. R&D투자는 앞으로도 TSMC가 선두를 유지하는 데 매우 중요하기 때문에 지속해서 증가할 전망이다.

〈표 45〉 TSMC의 R&D 투자현황

단위: 백만 US$

	2010년	2011년	2012년	2013년	2014년
R&D 인력 수	2,881	3,392	3,901	4,367	4,766
R&D 지출비용	943	1,152	1,366	1,621	1,875

	2015년	2016년	2017년	2018년	2019년
R&D 인력 수	5,123	5,423	6,145	6,216	6,534
R&D 지출비용	2,067	2,211	2,651	2,850	2,959

자료: TSMC CSR Report자료

파운드리 시장은 앞으로도 지속해서 성장할 것으로 예상되기 때문에 TSMC의 전망도 밝다고 할 수 있다. 특히 10nm 이하의 공정은 경쟁자가 삼성파운드리밖에 없다. 그렇다 하더라도 최근 삼성파운드리가 도전장을 내밀었기 때문에 TSMC도 긴장하지 않을 수 없는 상황이다. 따라서 최근 기술개발 로드 맵(Road Map)에 대한 일정을 더욱 앞당겨 추진하고 있다. 그래서 3nm에 대한 양산을 2022년에 계획하고 있으며 2nm의 양산은 2024년으로 예상하고 있다. 10nm 이하 고사양의 파운드리 시장은 TSMC와 삼성파운드리가 양분하여 나누어 가질 것으로 보인다. 앞으로 반도체 시장의 상황으로 보면 인텔이 7nm 공정에 대해 위탁생산을 맡기게 될 경우 TSMC로 맡기게 될 가능성이 크다. 이를 위해 TSMC는 2020

년 120억 달러를 투자해 미국 애리조나주에 초미세 공정인 5nm 파운드리 공장을 건설할 예정이다. TSMC의 매년 설비 투자 규모는 20조 원 내외로 알려져 있다.[19]

결론적으로 매년 파운드리 시장이 성장하고 있기 때문에 TSMC의 매출은 앞으로도 지속해서 증가할 가능성이 크다.

2. 삼성파운드리(Samsung Foundry)

삼성반도체는 2005년부터 파운드리 사업을 본격적으로 시작하였다. 그동안 매출이 약간의 등락을 거듭하였지만 비교적 꾸준하게 성장해오고 있다. 팹리스 부문과 파운드리 부문을 포함한 시스템반도체 전체를 보면 2020년 반도체 전체의 매출 중에서 시스템반도체가 매출에서 차지하는 비중이 처음으로 25%를 넘어섰다.[20]

앞으로도 메모리반도체 대비 시스템반도체의 매출 비중은 계속해서 늘어날 전망이다. 그만큼 삼성반도체는 시스템반도체 분야에서 점차 입지를 강화하고 있는 것이다. 특히 팹리스 분야보다는 파운드리 분야가 꾸준한 성장세에 있기 때문에 앞으로 더욱 기대되고 있다. 이에 따라 삼성반도체의 경영진도 파운드리 사업에 더욱 힘을 쏟고 있는 양상이다.

---

19) 장주영, "파운드리 2위 삼성에 TSMC는 넘사벽?", 중앙일보 2020년 8월 26일,
(https://news.joins.com/article/23856875)

20) 한대의 "삼성 시스템 반도체 비중 처음 25% 넘어, 매출 사상 최대", 자유일보, 2020. 04. 29.
(http://www.jayoo.co.kr/news/articleView.html?idxno=11560)

〈표 46〉 삼성파운드리의 역사

연도	내용
2005	파운드리 사업 개시
2007	애플 아이폰용 AP 생산
2010	세계 최초 32nm HKMG 공정 양산
2015	세계 최초 14nm FinFET 적용 AP 양산
2016	세계 최초 10nm FinFET 공정 양산
2017	세계 최초 10nm 2세대 FinFET 공정 양산
2018	7nm EUV 공정 개발완료
2020	5nm FinFET 공정 양산

자료: 매경Economy 자료편집

그동안 삼성반도체는 메모리반도체 분야에서 세계 최고의 강자였으나 시스템반도체 분야에서는 그 힘을 내세우지 못하였다. 하지만 삼성반도체가 반도체 시장에서 진정한 강자가 되기 위해서는 시스템반도체 분야를 강화해야만 하였다. 이제 메모리반도체 분야가 어느 정도 성장의 한계에 봉착하였기 때문이다.

따라서 삼성반도체는 그동안 크게 미약하였던 시스템반도체 분야를 육성하기 위해 2019년 〈표 47〉과 같은 "반도체 비전 2030"을 발표하였다. 삼성반도체는 앞으로 2030년 시스템반도체 시장에서 세계 1위를 달성하겠다는 목표다. 이를 위해 앞으로 133조 원을 투자한다는 계획이다. 삼성반도체가 이 계획을 실현하기 위해서는 우선적으로 TSMC의 시장을 빼앗아와야만 한다. 삼성파운드리와 TSMC 간의 시장점유율에 대한 차이가 아직까지도 크기 때문이다.

〈표 47〉 삼성반도체 "반도체 비전 2030" 주요내용

목표	2030년 시스템반도체 시장 세계 1위 달성
투자 기간	2019~2030년 (12년)
투자 규모	133조 원(R&D 73조 원, 생산시설 60조 원)
주요 내용	-화성 EUV 전용라인, 신규 라인 투자 -국내 중소 팹리스 기업 지원
고용 효과	43만 5,000명(직접 1만 5,000명, 간접 42만 명)

자료: 삼성반도체

이와 함께 삼성반도체는 팹리스 부문에서도 성과를 내야만 한다. 하지만 삼성반도체는 팹리스 부문보다 파운드리 부문의 매출 상승률과 시장 성장률이 크기 때문에 파운드리 부문을 더욱 강화할 것으로 보인다. 파운드리 시장은 규모가 100조 원 이상으로 매년 약 6%의 성장률이 기대되는 분야다. 특히 시스템 LSI 부문에서 칩을 설계하더라도 삼성파운드리에서 제조를 할 것이기 때문에 파운드리 사업의 중요성이 더 커질 수밖에 없다. 삼성파운드리 매출 중에 상당 부분이 자사 팹리스 부문의 칩을 제조하여 얻게 되는 매출이다. 실제 트렌드포스의 조사 결과에 따르면 2019년 1분기 기준으로 삼성파운드리 매출의 60%는 자사의 팹리스 물량인 것으로 드러났다.

〈표 48〉은 삼성반도체의 팹리스와 파운드리 매출이다. 과거부터 지금까지 약간의 등락을 반복하였지만 매년 증가하는 추세를 이어왔으며 앞으로도 증가할 것으로 예상된다.

〈표 48〉 삼성반도체의 팹리스와 파운드리 매출현황과 전망

연도	2018년	2019년	2020년	2021년
매출	13조 9,000억 원	14조 7,000억 원	19조 3,000억 원	24조 6,000억 원

자료: 한국투자증권 / (2021년은 예상치)

〈그림 10〉은 삼성파운드리의 시장점유율 추이다. 시스템 LSI 사업부에서 파운드리 사업부로 독립하고 나서 점유율이 증가추세에 있다.

〈그림 10〉 삼성파운드리의 시장점유율 추이

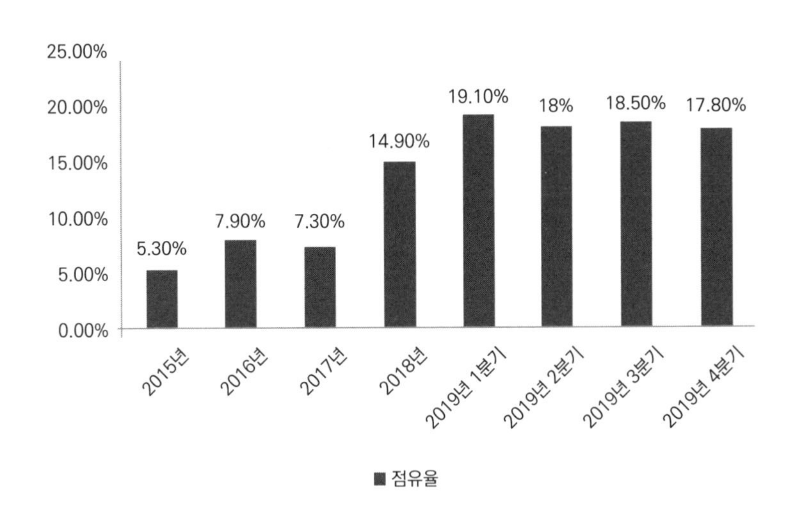

자료: 트렌드포스, IC Insights

삼성파운드리는 지속적으로 시장점유율을 끌어올리면서 현재 18.8%를 기록하고 있다. 하지만 50% 이상의 시장점유율을 기록하고 있는

TSMC에 한참이나 뒤지는 점유율이다. 삼성파운드리에서 큰 실적을 올리기 위해서는 대형 고객들을 유치해야만 한다. 최근 인텔이 7nm 공정을 위탁하여 제조할 가능성이 생기게 됨에 따라 앞으로 삼성파운드리에 기회가 될 수도 있다(맡긴다면 대부분 TSMC에 맡길 것으로 보이나 수주 가능성은 충분히 있다). 그리고 많은 IDM 기업들이 제조를 파운드리에 위탁하게 되는 팹라이트 추세는 삼성파운드리에 큰 기회가 될 수 있다. 이외에도 많은 거대 팹리스 기업들의 상위공정에 대한 수요가 늘어나고 있다는 점도 삼성파운드리에는 큰 기회라 볼 수 있다. 어차피 상위공정은 TSMC나 삼성파운드리밖에 선택의 여지가 없기 때문이다. 따라서 삼성파운드리는 거대 고객들을 유치하기 위해 앞으로도 계속해서 미세화 공정에 속도를 낼 것이 분명하다. 하지만 삼성파운드리가 많은 고객을 끌어들이는 데 있어 가장 큰 장애 요소는 자체적으로 팹리스 사업을 하고 있다는 점이다. 삼성파운드리의 고객 입장에서는 자사의 칩 설계기술이 노출되어 삼성반도체가 비슷한 칩을 만들 가능성이 있기 때문이다.

이런 이유로 인해 많은 고객이 TSMC를 선호하기도 한다. 그리고 삼성반도체도 이를 인지하고 파운드리 사업을 분리하였지만 지금도 의심을 받지 않을 수 없는 입장이다(실제로 애플의 AP를 삼성파운드리에서 생산하면서 기술을 습득하여 삼성반도체도 자체 AP를 설계하기도 하였다). 하지만 삼성파운드리는 앞으로도 지속해서 크게 성장할 것으로 기대되고 있다. 최근 대형 고객들로부터 하나씩 수주를 늘려가고 있기 때문이다. 특히 앞으로의 시장이 점차적으로 스마트 폰에서 서버 시장으로 옮겨가고 있는 것도 삼성파운드리에 유리한 상황이 되고 있다. 삼성전자가 서버는 만들지 않고 있고 고객과도 경쟁하지 않게 되기 때문이다. 삼성파운드리는 시장점유율이 지속적으로 상승할 것으로 기대되지만 TSMC를 따라잡을 수 있을지에 대해서는 아직

불확실하다. 추가로 삼성파운드리는 2020년 하반기부터 5nm 공정의 양산에 돌입하였고 3nm 공정은 2022년으로 예상하고 있다. 이 공정부터는 기존의 FinFET 방식이 아닌 GAA(Gate-All-Around, 선폭의 미세화로 발생하는 누설전류를 줄이기 위해 같은 선폭에서 Gate가 Channel에 닿는 면적을 늘리기 위한 여러 공법 중 하나가 FinFET이다. FinFET은 기존 단면에서 만나던 Gate와 채널을 총 3개 면에서 만나게 한다. 따라서 선폭이 줄어들어도 접촉 면적이 3배가 되며 Gate의 통제력이 유지되게 된다. 이제 5nm 이하의 미세 공정이 등장하여 3개 면으로도 Gate의 통제력이 떨어지게 된다. 이를 위해 한 면을 더 추가하여 Gate가 Channel을 4개 면에서 둘러싸서 통제력을 높이는 시도를 하게 되는데 이 기술이 Gate All Around다) 방식으로 진행할 예정이며 2nm 공정부터 도입하기로 한 TSMC보다 먼저 GAA 방식을 도입하게 된다. 삼성파운드리는 2nm에서도 TSMC에 뒤처지지 않기 위해 노력하고 있다.

〈표 49〉 최근 삼성파운드리 사업부의 신규 수주현황

기업	생산제품
IBM	차세대 서버용 CPU '파워10'
퀄컴	5세대(G) 이동통신용 AP '스냅드래곤 4시리즈'
엔비디아	차세대 GPU '지포스 RTX 30' 시리즈

자료: 문화일보

3. 글로벌파운드리(GlobalFoundries)

글로벌파운드리는 2009년 ATIC이 AMD의 생산 부문을 인수하면서 세워진 미국의 파운드리 기업이다. 현재 글로벌파운드리는 전 세계 250개 이상의 고객을 보유하고 있으며 인원은 16,000명에 이른다. 글로벌파운드리는 싱가포르, 독일, 미국 뉴욕과 버몬트에 공장을 운영 중이다. 2020년 글로벌파운드리의 CEO인 톰 콜필드(Tom Caulfield)의 로이터통신과 인터뷰에 따르면 뉴욕 몰타 공장의 30~40%에 달하는 유휴공간에 장비를 설치하여 12~14개월 내 생산량을 대폭으로 늘릴 수 있을 것으로 보이며 몰타 인근 부지에는 2024년까지 새 공장을 건설하는 계획도 검토하고 있다고 한다. 이는 미국 정부의 반도체 리쇼어링(Reshoring) 정책으로 인한 각종 지원과 코로나19로 언컨택트에 의한 시스템반도체의 수요증가에 기인한다.

하지만 글로벌파운드리는 2018년에 7nm 공정에 대한 개발을 포기하면서 시장에 충격을 주었다. 대신 글로벌파운드리는 기존공정에 집중하겠다는 입장을 밝히게 되었다. 이로써 AMD는 글로벌파운드리와의 관계가 멀어지게 되었고 AMD는 7nm 공정의 제품에 대해 글로벌파운드리 대신 TSMC에 생산을 맡기게 되었다. 이 시점부터 글로벌파운드리는 삼성파운드리에 확실하게 밀리게 되어 시장점유율 2위 자리를 내주고 3위로 하락하게 되었다. 뿐만 아니라 최근 글로벌파운드리는 시장점유율이 조금씩 하락하면서 2019년 8%대를 유지하다가 2020년부터는 7%대를 유지하고 있다.

〈표 50〉 글로벌파운드리의 역사

연도	내용
2009	회사 설립
2010	차터드 반도체와 합병, IBM & 삼성전자와 공통 플랫폼 연합결성
2012	AMD지분 14%를 매각하여 결별선언
2014	삼성파운드리에서 14nm FinFET 공정기술이전, IBM 실리콘 웨이퍼 제조부문 인수
2015	14nm LPP FinFET 노드 테이프 아웃 성공
2017	IBM POWER9 프로세서 위탁 생산
2018	7nm공정 포기선언
2019	Fab10을 온세미컨덕터에 매각, Avera Semiconductor를 마벨에 매각

자료: 나무위키

〈표 51〉은 글로벌파운드리의 팹(Fab)에 대한 현황이다. 주로 300mm와 200mm 웨이퍼를 사용하여 제조를 진행하고 있다. Fab 10은 미국 뉴욕에 있었으나 2019년 온세미컨덕터(On Semiconductor)에 4억 3천만 달러로 매각이 되었다. Fab 11은 중국 청두에 투자한 합작 투자 공장으로 2018년 청두에 문을 열어 300mm 웨이퍼를 양산하려 하였으나 2020년부터 운영이 중단되었다.

〈표 51〉 글로벌파운드리의 Fab 현황

Fab 1	80,000 웨이퍼/달 (300mm), 180,000 웨이퍼/달(200mm) 독일 드레스덴에 위치. 300mm 웨이퍼를 사용하며 65nm, 45nm, 32nm SOI HKMG, 28nm PolySION/HKMG, 22nm FDSOI 공정 생산
Fab 2	싱가포르에 위치. 600nm~350nm 공정 생산 가능
Fab 3/5	싱가포르에 위치. 350nm ~180nm 공정 생산 가능
Fab 3E	싱가포르에 위치. 180nm 공정 생산 가능
Fab 6	싱가포르에 위치. 180nm~110nm 공정 생산 가능
Fab 7	싱가포르에 위치 50,000 웨이퍼/달 (300mm) 112,500 웨이퍼/달 (200mm) 130nm~40nm Bulk SMOS/SOI 공정 생산 가능
Fab 8	60,000 웨이퍼/달 (300mm), 135,000 웨이퍼/달 (200mm) 미국 뉴욕에 위치. 28nm~14nm 공정 생산 가능
Fab 9	미국 버몬트에 위치. IBM이 가지고 있었던 실리콘 웨이퍼 생산 공장. 90nm 이하 공정 생산 가능

자료: 나무위키

〈표 52〉는 글로벌파운드리의 실적을 나타내고 있다. 과거부터 지속해서 매출이 증가하였으나 2019년부터 매출이 하락하기 시작하였다. 앞서 설명한 대로 글로벌파운드리가 7nm 공정의 포기를 선언하면서 AMD와 같은 고객들이 TSMC로 빠져나갔기 때문이다. 결과적으로 글로벌파운드리의 경쟁상대가 TSMC나 삼성파운드리가 아닌 UMC나 SMIC와 같은 하위공정의 파운드리 기업으로 바뀌게 된 것이다.

〈표 52〉 글로벌파운드리의 실적

단위: 백만 달러

	2015년	2016년	2017년	2018년	2019년
매출	5,019	5,495	6,060	6,200	5,639

자료: IC Insights

〈그림 11〉은 글로벌파운드리의 품질관리 시스템이다. 이 시스템은 고객에서 시작하여 고객으로 끝나는 것이 특징이다. 이런 실행시스템은 역할과 책임의 확실한 이해로 시작된다. 글로벌파운드리의 네트워크는 글로벌 시장을 빠르게 지원하도록 기능하고 고객에 가까이 위치하면서 고객을 지원한다. 이와 같은 지배시스템은 글로벌파운드리의 전 세계 네트워크를 통해 고객에 공통의 경험을 할 수 있게 한다.

〈그림 11〉 글로벌파운드리의 품질관리 시스템

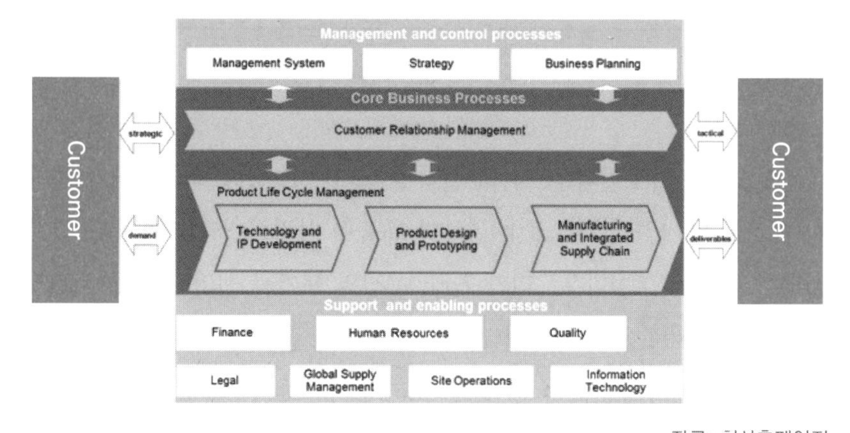

자료: 회사홈페이지

최근 글로벌파운드리는 온세미컨덕터에 미국의 팹을 매각한 이유로 시장점유율이 조금 감소하게 되어 UMC에 3위를 내주게 되었다. 특히 최근 인텔을 바짝 뒤쫓으면서 급부상하고 있는 AMD를 TSMC에 빼앗기게 된 것은 장기적인 관점에서 글로벌파운드리로서 크게 아쉬운 부분이다. 하지만 최근 파운드리 시장이 다양한 수요로 인해 물량이 크게 증가하면서 상위그룹에 속해있는 글로벌파운드리도 일정 기간 혜택을 볼 수 있을 것으로 보인다.

4. UMC(United Microelectronics Corporation)

UMC는 1980년 ITRI(Industrial Technology Research Institute)에서 스핀오프로 설립된 대만 최초의 반도체회사다. 1995년부터 파운드리 시장이 성장하면서 순수 파운드리 기업으로 비즈니스를 전환하였다. UMC는 지금까지 반도체 제조에 대한 40년 이상의 노하우를 보유하고 있는 회사다. UMC는 2019년을 기준으로 13,507개의 특허를 보유하고 있으며 404개의 고객에 제품을 공급하고 있다. 협력회사는 3,000개가 넘으며 직원은 19,000명에 이른다. 글로벌파운드리와 마찬가지로 UMC도 14nm 공정이 최상위 공정이며 더 이상 상위공정으로 올라가지 않기로 결정한 상태다. 고객은 팹리스 기업이 90% 이상이고 IDM 기업이 10% 이내다. 나아가 2019년 매출을 애플리케이션별로 보면 통신 부문 52%, 가전 부문 26%, 컴퓨터 부문 14% 그리고 기타가 8%를 점유하고 있다.

〈표 53〉 UMC의 역사

연도	내용
1980	국립 ITRI에서 스핀오프 설립 (대만 최초 IC회사)
1985	대만 증권거래소 상장
1995	IDM에서 순수 파운드리 회사로 전환
1999	대만 최초 300mm Fab 12A 건설
2000	대만 반도체기업 최초로 NYSE상장
2015	중국 XIAMEN에 300mm Fab 건설 (USCXM)
2017	중국 (USCXM) Fab 28nm 양산
2019	일본 MIFS 300mm Fab 인수

자료: UMC홈페이지

〈표 54〉는 UMC의 제조시설이다. 현재 Fab은 모두 12개를 운영하고 있으며 주로 대만에 Fab이 많이 있다. 이밖에 해외의 Fab은 싱가포르, 중국(샤먼 & 쑤저우), 일본에 있다. 그리고 300mm 웨이퍼 Fab 4개, 200mm 7개와 150mm 1개를 보유하고 있다. 또한 UMC는 매달 70만 장의 웨이퍼를 생산할 수 있다. 나아가 대만 타이난에 있는 Fab 12A는 14nm 공정의 제품을 생산할 수 있을 뿐만 아니라 생산능력이 매달 87,000장이나 되어 UMC의 Fab 중에서 가장 많은 웨이퍼를 생산할 수 있다. 현재 웨이퍼의 연간 출하량은 8인치 기준으로 7백만 장 이상이다.

〈표 54〉 UMC의 제조시설

	제조공정	위치	웨이퍼	월생산량
Fab 6A	0.45μm	대만 신주	150mm	50,000
Fab 8AB	0.5 - 0.25μm	대만 신주	200mm	70,000
Fab 8C	0.35-0.11μm	대만 신주	200mm	29,000
Fab 8D	0.13μm - 90nm	대만 신주	200mm	32,000
Fab 8E	0.5 - 0.18μm	대만 신주	200mm	35,000
Fab 8F	0.18 - 0.11μm	대만 신주	200mm	32,000
Fab 8S	0.18 - 0.11μm	대만 신주	200mm	25,000
Fab 8N	0.5 - 0.11μm	중국 쑤저우	200mm	50,000
Fab 12A	0.13μm - 14nm	대만 타이난	300mm	87,000
Fab 12i	0.13μm - 40nm	싱가포르	300mm	45,000
Fab 12X	40-28nm	중국 샤먼	300mm	50,000
Fab 12M	90-40nm	일본	300mm	33,000

자료: 회사홈페이지

〈표 55〉는 UMC의 실적이다. 매년 매출액이 증가하다가 2019년 매출이 하락하였다. 2020년 매출이 증가추세를 보이고 있으나 10nm이하 공정을 진행하지 않기로 결정함에 따라 앞으로 매출이 큰 폭으로 성장하기는 쉽지 않을 것으로 보인다.

〈표 55〉 UMC의 실적

단위: 백 만 NT$

	2015년	2016년	2017년	2018년	2019년
매출액	144,830	147,870	149,285	151,253	148,202
영업이익	10,836	6,194	6,568	5,680	4,883
순이익	12,641	4,168	6,679	3,248	4,576

자료: 회사내부자료

〈표 56〉은 UMC의 국가별 매출비중이다. 2019년 기준으로 대만이 36.4%로 가장 높고 다음은 싱가포르 16.2%, 미국 13.5%, 중국 12.9%, 일본 6.6%, 유럽 4.7% 순이다. 대부분의 고객들이 팹리스 기업들이기 때문에 대만에 그만큼 팹리스 기업들이 많다는 것을 알 수 있다.

〈표 56〉 UMC의 국가별 매출비중

	2017년	2018년	2019년
대만	32.8%	36.4%	36.4%
싱가포르	20.6%	16.4%	16.2%
미국	12.2%	15.6%	13.5%
중국	12.7%	12.2%	12.9%
일본	3.2%	3.9%	6.6%
유럽	9.6%	8.3%	4.7%
기타	8.9%	7.2%	9.7%
총	100%	100%	100%

자료: 회사내부자료

〈표 57〉은 UMC의 공정별 매출 비중이다. 2019년 기준으로 40nm 공정이 23.1%로 수요가 가장 높다. 다음은 65nm가 14.7%고 90nm가 13.6%다. 그리고 0.15~0.18μm가 13.1%고 0.11~0.13μm가 12.6%다. 또한 28nm가 11.3%고 0.25~0.35μm가 8.7%며 0.50μm 이상이 2.9%다.

〈표 57〉 UMC의 공정별 매출비중

공정기술	2017년	2018년	2019년
14nm	0.9%	2.6%	0%
28nm	16.2%	12.6%	11.3%
40nm	28.4%	25.3%	23.1%
65nm	12.3%	12.5%	14.7%
90nm	4.9%	8.3%	13.6%
0.11 - 0.13 μm	11.5%	11.6%	12.6%
0.15 - 0.18 μm	12.4%	13.7%	13.1%
0.25 - 0.35 μm	10%	10.1%	8.7%
0.50μm 혹은 그 이상	3.4%	3.3%	2.9%
총	100%	100%	100%

자료: 회사내부자료

〈표 58〉은 UMC의 R&D 비용이다. 2017년부터 약간씩 줄고 있는 추세다. 상위공정에 대한 R&D 투자가 더 이상 필요하지 않기 때문에 R&D 비용이 크게 증가하지 않을 것으로 보인다.

〈표 58〉 UMC의 R&D비용

단위: 천만 NT$

	2015년	2016년	2017년	2018년	2019년
비용	1,164	1,261	1,214	1,113	972
매출대비 비율	8.9%	9.3%	9.18%	8.38%	7.86%

자료: UMC CSR Report 2019

제5장

OSAT(Outsourcing Semiconductor Assembly & Test) 기업

1. ASE(Advanced Semiconductor Engineering)
2. 앰코테크놀로지(Amkor Technology)
3. JCET(Jiangsu Changjiang Electronics Tech)

제5장

OSAT(Outsourcing Semiconductor Assembly & Test) 기업

OSAT 기업은 반도체를 설계하고 제조한 후에 패키징과 테스트를 진행하는 기업을 말한다. 시스템반도체의 경우 많은 IDM 기업들의 첨단 미세공정에 대한 사업 포기로 인해 반도체 생산에서 설계, 제조, 패키징과 테스트로의 분업화가 더욱 심화되어가고 있다. 이에 따라 OSAT 기업의 역할도 갈수록 커지고 있다. 특히 OSAT 기업은 파운드리 기업의 주변에 위치하는 것이 여러모로 유리하며 파운드리 기업들이 성장할수록 OSAT 기업도 같이 성장할 수 있는 기회가 된다. 대만에서 OSAT 기업들이 발달하게 된 것도 TSMC와 UMC 같은 파운드리 기업들이 성장할 수 있었기 때문이다. 마찬가지로 최근 삼성반도체의 시스템반도체 사업의 확장에 따라 국내에 있는 OSAT 기업들의 성장도 두드러지게 나타나고 있다. 나아가 최근 첨단 미세공정의 한계가 다가오면서 적층기술이 각광을 받고 있으며 이에 따라 패키징에 대한 중요성도 커지고 있다. 뿐만 아니라 최근 파운드리 서비스 분야가 수탁생산에서 종합서비스로 확대되면서 패키징 능력이 과거보다 더욱 중요해지고 있다. 프랑스의 시장조사업체인 욜디벨롭먼트에 따르면 첨단 패키징 시장은 2019년 290억 달러(약 32조 원)에서 2025년 420억 달러(약 46조 원)로 증가할 것으로 보인다. 전 세계적으로 유명한 OSAT 기업은 ASE, 앰코와 JCET 등이 있다.

〈표 59〉 OSAT 기업 2019년 순위

단위: USD 백만

순위	기업명	매출
1	ASE (SPIL + USI)	8,456
2	Amkor	4,053
3	JCET Group	3,285
4	Powertech Technology	2,209
5	Tongfu Microelectronics	1,169
6	Tianshui Huatian Microelectronics	1,085
7	King Yuan Electronics	848
8	UTAC	710
9	Chipbond Technology	678
10	ChipMOS Technologies	675

자료: Status of the Advanced Packaging Industry 2020 report, Yole Development 2020

1. ASE(Advanced Semiconductor Engineering)

ASE는 1984년 제이슨 장(Jason Chang)과 리차드 장(Richard Chang)이 대만에 설립한 OSAT 기업이며 현재 전 세계 시장점유율 1위를 기록하고 있다. ASE는 1999년 경기도 파주의 모토로라 제조시설을 인수하면서 한국 시장에서도 패키징과 테스트 서비스를 운영하고 있다. 현재 ASE는 9만 6

천 명의 직원들이 있으며 한국을 비롯한 대만, 중국, 일본, 말레이시아, 싱가포르 등에 패키징과 테스트 공장을 운영 중이다.

ASE는 2016년 SPIL이란 싱가포르 OSAT 기업과 같이 ASE Technology Holding Co., Ltd. 라는 지주회사를 설립하게 되었다. 이에 따라 Advanced Semiconductor Engineering, Inc., SPIL과 상하이의 USI라는 EMS(Electronic Manufacturing Service)회사는 ASE Technology Holding의 멤버기업이 되었다. ASE가 지금까지 성장할 수 있었던 주요 배경에는 TSMC와 1997년부터 전략적 제휴 관계를 맺어오고 있기 때문이다. 즉 TSMC의 파운드리 서비스가 크게 증가함에 따라 가까운 거리에 있는 ASE도 TSMC의 고객에 대해 패키징과 테스팅 서비스를 할 수 있었기에 동반 성장할 수 있었다.

최근 ASE는 K13이라고 이름 지어진 6개의 팹을 5년 내 대만 Kaohsiung에 건설하기로 결정하였다. 앞으로 투자금액은 대략 NT$260억(US$880.58 million)에 이를 것으로 예상하며 이는 주로 5G 칩에 대한 고급의 패키징과 테스트를 하기 위한 투자가 될 것이라고 밝혔다.[21]

이 밖에도 ASE는 앞으로 몇 년 안에 AI, 전기자동차 그리고 스마트제조 분야에서 패키징과 테스트 수요가 크게 늘어날 것으로 보고 있다.

21) Lisa Wang, "ASE invests NT$ 26bn in new fab", Taipei Times, Aug. 18, 2020, 12p. (https://www.taipeitimes.com/News/biz/archives/2020/08/18/2003741841)

〈표 60〉 ASE의 역사

연도	내용
1984	회사설립
1989	대만 증권거래소에서 거래시작
1991	말레이시아 페낭에 패키징과 테스트 시설 건립
1999	ASE Test Limited 나스닥에 상장 (대만거점 기업 최초)
2004	일본 NEC Electronics의 IC 패키징 & 테스팅 시설 인수
2005	Wafer Level CSP (WLCSP) 양산 시작
2008	중국 웨이하이시 Aimhigh 제조시설 인수
2009	Copper Wire Bonding 양산 시작
2013	도시바의 중국 Wuxi Tongzhi Microelectronics Co, Ltd. 인수
2015	ASE와 TDK가 대만에 ASE Embedded Electronics Inc. 설립
2016	ASE와 SPIL이 상호 주식교환을 통해 ASE Technology Holding Co, Ltd. 설립합의
2018	ASE Technology Holding의 대만 증권거래소 상장

자료: 회사홈페이지

〈표 61〉은 ASE의 경영실적이다. 그간 매년 실적이 약간씩 변동이 있었으나 최근 실적이 증가한 것은 SPIL의 인수와 EMS 비즈니스의 실적이 개선되었기 때문이다. 앞으로 경기가 하강하지만 않는다면 실적은 좋아질 것으로 보인다.

〈표 61〉 ASE 경영실적

단위: 백만 NT$

	2015년	2016년	2017년	2018년	2019년
매출	283,302	274,884	290,441	371,092	413,182
순이익	19,197	21,643	22,988	25,262	16,850

자료: 회사내부자료 (SPIL과 USI의 금액을 모두 포함한 실적)

〈표 62〉는 ASE의 애플리케이션별 실적 비율이다. 2019년 기준으로 통신과 컴퓨팅 분야는 각각 52.5%, 14.6%로 증가하고 있지만, 가전, 산업, 자동차 그리고 기타 분야는 32.9%로 줄고 있는 것을 볼 수 있다.

〈표 62〉 ASE의 애플리케이션 별 실적비율

	2017년	2018년	2019년
통신	48.9%	49.9%	52.5%
컴퓨팅	11.5%	14%	14.6%
가전, 산업, 자동차, 기타	39.6%	36.1%	32.9%
총 계	100%	100%	100%

자료: 회사내부자료

〈표 63〉은 ASE의 지역별 실적 비율이다. 2019년을 기준으로 미국이 59.4%로 1위지만 매년 비율이 감소하고 있다. 다음은 아시아가 18.4%로 증가하면서 2위고 그다음으로 대만이 12.4%로 약간씩 증가하면서 3위다. 마지막으로 유럽이 9.4%며 기타가 0.4%다.

〈표 63〉 ASE의 지역별 실적비율

	2017년	2018년	2019년
미국	67.6%	62.2%	59.4%
아시아	10.4%	15.1%	18.4%
대만	12.2%	12.3%	12.4%
유럽	9.1%	9.9%	9.4%
기타	0.7%	0.5%	0.4%
총 계	100%	100%	100%

자료: 회사내부자료

〈표 64〉는 ASE의 패키지별 실적 비율이다. 2019년 기준으로 Bumping, Flip Chip, WLP & SiP가 41.7%며 매년 비율이 증가하고 있다. IC Wire bonding이 48.2%며 매년 비율이 감소하고 있다. Discrete & Other는 10.1%다.

〈표 64〉 ASE의 패키지 별 실적비율

	2017년	2018년	2019년
Bumping, Flip Chip, WLP & SiP	29.9%	36.1%	41.7%
IC Wirebonding	59.2%	54%	48.2%
Discrete & Other	10.9%	9.9%	10.1%
총계	100%	100%	100%

자료: 회사내부자료

〈표 65〉는 ASE의 테스트 별 실적 비율이다. 2019년 기준으로 1위는 72%로 Final testing이지만 매년 비율이 줄고 있다. 2위는 26.2%로 Wafer probing이며 매년 비율이 늘어나고 있다. 3위는 1.8%로 Front-end engineering testing이며 매년 조금씩 비율이 줄고 있다.

〈표 65〉 ASE의 테스트 별 실적비율

	2017년	2018년	2019년
Final testing	79.9%	72.8%	72%
Wafer probing	16.7%	24.8%	26.2%
Front-end engineering testing	3.4%	2.4%	1.8%
총 계	100%	100%	100%

자료: 회사내부자료

〈표 66〉은 ASE의 R&D 비용이다. 매년 R&D 비용이 증가하고 있다. 아울러 최근 R&D 비용이 크게 증가하고 있는데 이는 SPIL과 USI의 R&D 비용이 포함되었기 때문이다.

〈표 66〉 ASE의 R&D 비용

단위: 백만 NT$

	2015년	2016년	2017년	2018년	2019년
금액	10,938	11,391	11,747	14,963	18,396

자료: 회사내부자료

ASE는 앞으로 5G, AI, 사물인터넷, 자율자동차와 스마트제조 분야에서도 리더십을 이어 나아갈 수 있을 것으로 보인다. 이런 새로운 분야의 기술들이 발전할수록 반도체의 고급 패키징 기술에 대한 수요는 증가할 수밖에 없다. 특히 앞으로 TSMC가 지속해서 성장할 것으로 보이기 때문에 ASE는 계속해서 TSMC의 수혜를 볼 수 있을 것으로 보인다.

2. 앰코테크놀로지(Amkor Technology)

앰코는 1968년 한국에서 처음으로 반도체사업을 시작하였다. 그 때 사명은 아남산업이었다. 1970년 고 김향수 회장의 첫째 아들인 김주진 회장이 미국 펜실베이니아에 앰코테크놀로지를 세우게 되었다. 회사설립은 아버지의 반도체 사업을 도우려는 목적이었다. 이때부터 아남산업은 반도체 생산을 담당하고 앰코테크놀로지는 영업 및 마케팅을 담당하였다. 그 후 1999년 앰코테크놀로지는 아남반도체의 4개 반도체 패키징 공장 중에서 광주공장을 먼저 인수하였다. 이때부터 사명을 앰코테크놀로지코리아㈜로 변경하였으며 2000년에는 나머지 3개의 공장도 모두 인수하였다.

현재 애리조나주에 본사를 두고 있는 앰코는 300사에 가까운 고객들을 보유하고 있고 전 세계에 20개 이상의 생산기지가 있으며 32,000명의 직원들을 두고 있다.

고객들이 앰코에 서비스를 의뢰하는 이유는 다음과 같이 4가지로 나뉠 수 있다. 첫째, 첨단기술에서 전문성이 있는 서비스 제공으로 고객들로부터 인정받고 있기 때문이다. 더욱 미세한 공정의 진전에 따라 패키징 기술이 보다 복잡해지고 있어 고객의 니즈를 충족시키기가 갈수록 어려워지고 있다. 둘째, 갈수록 심화하고 있는 경쟁환경에서 원가절감의 필요성을 크게 느끼고 있는 고객에 가격경쟁력이 있는 솔루션을 제공하기 때문이다. 셋째, 고객이 새로운 제품을 시장에 적시에 출시할 수 있도록 빠른 서비스를 제공하기 때문이다. 넷째, 앰코가 고객이 그들의 전문분야인 설계와 제조에 자원을 집중할 수 있도록 돕고 있기 때문이다. 앰코는 이런 고객의 다양한 니즈를 적절하게 충족시킬 수 있었기 때문에 지속적으로 시장에서 성장할 수 있었다. 나아가 앰코의 주요 강점은 다음과 같다. 먼저 앰코는 기술에 대한 혁신을 지속적으로 이루고 우수한 반도체기업들과 장기간의 관계를 유지하며 협력하면서 패키징과 테스트에 대해 광범위한 서비스를 제공한다는 점이다. 다음은 전 세계적으로 다양한 지역에서 서비스를 제공하며 자본투자를 통해 기술을 업그레이드시켜 가격경쟁력이 있는 서비스를 제공한다는 점이다.

〈표 67〉 앰코의 역사

연도	내용
1968	아남산업 설립
1970	반도체 생산 및 수출 개시
1989	AMD 반도체 사업장 인수 후 앰코 필리핀 설립
1997	K4 광주사업장 준공
1998	미국 나스닥 상장
2001	중국 상하이에 반도체 패키징 사업장 설립

2004	미국 및 대만의 유니티브(Unitive) 인수
2009	도시바 및 NMD와 일본 규슈에 합작사 설립
2013	도시바의 말레이시아 자동차 반도체 사업부 인수
2016	글로벌 R&D 센터 및 K5 사업장 준공 (인천 송도)
2017	글로벌 R&D 센터 및 K5 사업장 운영개시
2018	대만에서 신규 T6 시험시설 가동

자료: 회사홈페이지

〈표 68〉은 최근 앰코의 서비스가 제공하고 있는 고객의 최종시장이다. 통신 부문이 38%로 가장 높고 다음은 가전 24%, 자동차 & 산업용 23%, 컴퓨팅이 15%다.

〈표 68〉 최근 앰코 서비스의 최종시장

분야	통신	가전	자동차 & 산업용	컴퓨팅
비율	38%	24%	23%	15%
제품	· 휴대용 디바이스 · 스마트 폰 · 태블릿	· 커넥티드 홈 · 셋탑박스 · TV · 비주얼 이미징 · 웨어러블	· 드라이버 어시스트 · 인포테인먼트 · 퍼포먼스 · 안전	· 데이터센터 · 인프라스트럭처 · PC/랩탑 · 스토리지

자료: 회사내부자료

〈그림 12〉는 앰코가 고객들에 제공하고 있는 패키징 서비스다. 앰코는 인더스트리 리더로서 고급 패키징 기술에 집중하는 것을 전략으로 삼고

있다. 하지만 고객들이 원하는 경우 광범위한 다양한 서비스를 제공하고 있다.

〈그림 12〉 앰코의 패키징 서비스

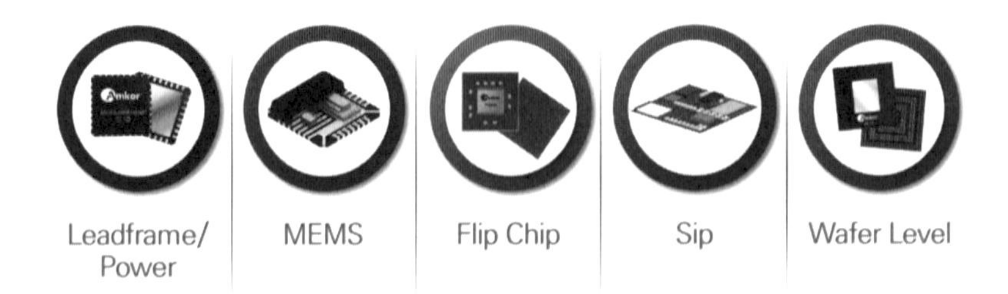

자료: 회사내부자료

〈표 69〉는 앰코의 경영실적이다. 매년 실적이 향상되다가 2019년 조금 하락한 것을 볼 수 있다. 하지만 앞으로 삼성파운드리가 성장함에 따라 매출은 계속해서 좋아질 것으로 보인다. 최근 앰코는 삼성파운드리의 협력사로 선정되었기 때문이다.

〈표 69〉 앰코의 경영실적

단위: 천 USD

	2015년	2016년	2017년	2018년	2019년
매출	2,884,603	3,927,849	4,207,031	4,316,466	4,052,650
순이익	53,893	178,653	267,705	129,565	122,628

자료: 회사내부자료

〈표 70〉은 앰코의 지역별 실적이다. 2019년 기준으로 미국이 1,878,387천 달러로 1위고 일본이 1,061,265천 달러로 2위다. 3위는 유럽, 중동, 아프리카로 625,592천 달러고 4위는 아태지역으로 487,406천 달러다.

〈표 70〉 앰코의 지역별 실적

단위: 천 USD

	2017년	2018년	2019년
미국	1,619,595	2,017,843	1,878,387
일본	1,210,296	1,156,797	1,061,265
유럽, 중동, 아프리카	540,126	605,932	625,592
아태지역	837,014	535,894	487,406
총계	4,207,031	4,316,466	4,052,650

자료: 회사내부자료

앰코는 ASE 다음으로 전 세계 2위 기업으로서 세계시장을 리드하고 있다. 앞으로 인공지능, 사물인터넷, 자율자동차, 서버 등 다양한 애플리케이션이 등장함에 따라 고급 패키징과 테스트 서비스에 대한 수요는 늘어날 수밖에 없다. 특히 앰코는 자동차 분야에서 다른 경쟁기업들보다 높은 시장점유율을 점유하고 있어 이 분야에 핵심역량을 집중하고 있다. 나아가 자율자동차는 앞으로 시장이 지속해서 커질 것으로 예상되기 때문에 앰코의 미래도 밝다고 할 수 있다.

3. JCET(Jiangsu Changjiang Electronics Tech)

스태츠칩팩의 전신은 현대전자(현재 SK하이닉스)의 조립사업 부문이다. 1998년 칩팩코리아로 설립되고 나서 2004년 STATS와 Chip PAC이 합병이 된 후 다시 2015년 중국기업인 JCET에 인수되었다. 이로 인해 스태츠칩팩보다 매출 규모가 작았던 JCET는 세계 3위의 OSAT 기업이 되었다. 현재 JCET는 중국, 한국, 싱가포르에 6개의 제조시설이 있으며 이외에도 3개의 R&D 센터를 보유하고 있다. 현재 3,200개 이상의 미국과 중국의 특허를 보유 중이며 전 세계 23,000명의 직원들이 근무하고 있다. 인천에도 공장이 운영되고 있으며 한국 시장의 매출 비중이 상당히 높은 편으로 2020년 7억 달러의 수출을 기록하고 있다.

세계 다른 지역에 비해 중국의 IC 패키징 및 테스트 분야에 대한 투자는 지난 10년간 가장 빠른 성장세를 보였으며 중국의 패키징과 어셈블리 시장에서는 선도적인 다국적기업과 새롭게 부상하는 중국기업을 포함해 100여 개의 기업들이 경쟁을 벌이고 있다.[22]

이 중국 OSAT 기업들 중에 JCET가 가장 큰 규모의 회사다. 최근 JCET는 '2020년 고정자산 추가 투자 계획안'을 발표하고 시장의 수요에 대응하기 위해 8억 3,000만 위안(약 1,451억 7,530만 원)을 추가로 투자하여 생산능력을 강화할 예정이라고 밝히기도 하였다. D램익스체인지의 자료에 따르면 JCET는 2020년 경영 목표 달성을 위해 연초 30억 위안(약 5,247억 3,000만 원) 규모의 고정자산 투자 계획을 세운 적이 있다.

---

22) 이거리, "중국, 세계 최대 패키징 장비·소재 소비국 부상" 산업일보 2018년 4월 15일. (https://www.kidd.co.kr/news/201780)

중국 정부는 자국의 반도체 굴기를 실현하기 위해 중국 반도체 기업들에 많은 지원을 하고 있다. JCET도 중국 최대의 OSAT 기업이기 때문에 정부로부터 지금까지 많은 금액을 지원받고 있어 다양한 투자가 가능할 수 있었다. 실제로 스태츠칩팩을 인수할 때에도 중국 정부의 보조금이 많이 사용되었던 것으로 알려지고 있다. 뿐만 아니라 JCET는 2019년 말 싱가포르에 있는 아날로그 디바이스(Analog Devices)의 테스트 설비를 인수하기로 결정하여 싱가포르에서 테스트사업을 확장할 수 있게 되었다. 이번 인수과정은 2021년까지 이어질 전망이다.

〈표 71〉 JCET의 역사

연도	내용
1972	공장 설립
1994	ST Assembly 테스트 서비스 설립
2000	STATS 싱가포르와 미국 주식시장 상장
2003	JCET 상하이 주식시장 상장
2004	STATS와 ChipPAC 합병
2007	JCET D3 (Jiangyin) 공장설립
2009	STATS ChipPAC 중국공장 확장
2010	300/330mm eWLB 싱가포르에서 제조
2011	JCET D8 (Suqian) 설립
2012	JCET D9 (Chuzhou) 설립
2014	STATS ChipPAC 인천에 공장설립
2015	STATS ChipPAC 인수
2016	인천에 SiP 공장설립
2017	JCET 상해 사무소 설치
2019	싱가포르 테스트 사업 확장을 위해 Analog Devices와 전략적 비즈니스 협의

자료: JCET 홈페이지

〈표 72〉는 JCET의 경영실적이다. 매출은 정체 상태를 보이고 있다. 하지만 2020년 매출이 크게 늘어났다. 아울러 최근 지속해서 많은 돈을 투자하고 있기 때문에 투자에 대한 결과로 앞으로 실적이 크게 개선될 것으로 보인다.

〈표 72〉 JCET의 경영실적

단위: 백만 Renminbi Yuan

	2016년	2017년	2018년	2019년
매출	19,154.5	23,855.5	23,856.5	23,526.3
순이익	106.3	343.3	-939.3	88.7

자료: MSN 금융

중국 파운드리 기업인 SMIC와 JCET는 같은 국가의 기업들이기 때문에 서로 긴밀한 협력관계에 있다. SMIC가 중국 최대의 파운드리 기업이어서 지금까지 빠른 속도로 성장을 하였기 때문에 JCET도 같이 성장할 수 있었던 주요 배경이 되었다.

다음 〈그림 13〉은 JCET의 강점인 턴키 서비스(Turnkey Service)다. 이는 고객이 원하는 서비스를 한 번에 해결해 주는 것이다. 만약 고객의 입장에서 여러 군데의 서비스업체를 이용해야만 한다면 매우 불편할 뿐만 아니라 제품을 이동시키는 과정에서도 문제가 발생할 소지가 크다. 따라서 고객들은 한번에 모든 서비스를 받을 수 있는 서비스업체를 선호할 수밖에 없다. JCET가 가지고 있는 강점이 바로 이런 서비스 능력이다. 이를 통해 고객은 시장에 제품을 빠르게 내놓을 수 있고 전공정의 효율성을 높일 수 있다. 뿐만 아니라 품질을 높일 수 있고 비용을 절감할 수 있으며 제품관리를 단순화할 수 있게 된다.

〈그림 13〉 JCET의 강점인 Turnkey Service

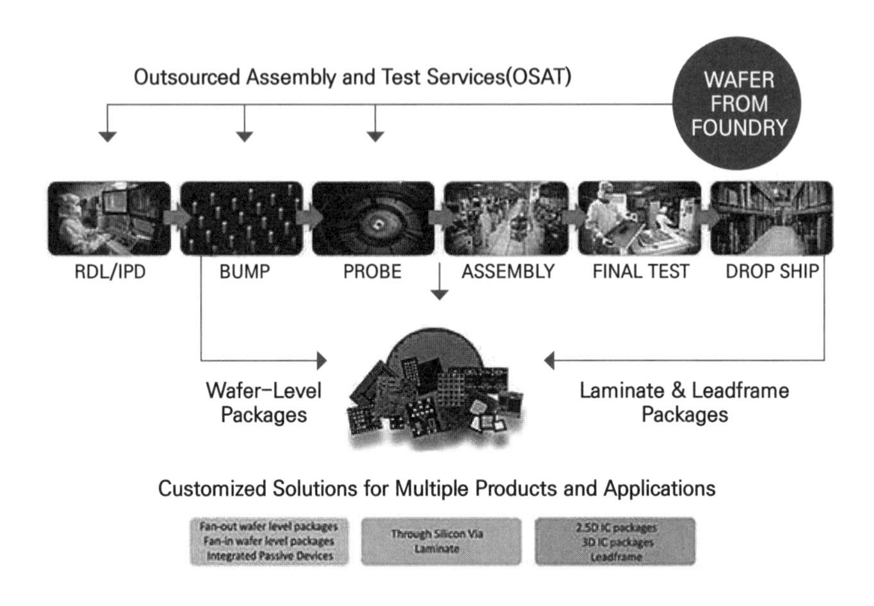

자료: JCET 홈페이지

JCET는 앞으로도 중국정부의 많은 지원을 받을 것으로 보인다. 따라서 JCET는 지속적인 투자를 통해 성장을 이루어 나아갈 것으로 예상된다.

특히 JCET는 5G, AI, 자율자동차, 빅데이터 그리고 스토리지 등의 분야에서 서비스를 제공하기 위해 투자를 이어 나아갈 것으로 보인다.

제6장
기타 반도체 관련 기업

1. IP(Intellectual Property) 기업
2. 디자인 하우스(Design House)
3. EDA(Electronic Design Automation) 기업
4. 반도체 장비(Semiconductor Equipment) 기업
5. 반도체 소재와 부품(Semiconductor Material & Component) 기업
6. 반도체 상사(Semiconductor Trading Company)

제6장

기타 반도체 관련 기업

반도체 분야에는 IDM 기업, 팹리스 기업, 파운드리 기업 그리고 OSAT 기업 말고도 다양한 반도체 관련 기업들이 있다. 그만큼 반도체 분야의 생태계에 있는 기업들은 매우 다양하다. 지금까지 언급한 기업들은 반도체 분야에서 메인 기업이라 할 수 있으며 이외에도 주변에 다양한 반도체 관련 기업들이 메인 반도체 기업들을 지원하고 있다. 예를 들면, IP 기업, 디자인 하우스, EDA 기업, 반도체 장비 기업, 반도체 소재와 부품 기업, 그리고 반도체 상사 등이다. IP 기업은 팹리스 기업에 설계가 가능하도록 밑그림을 제공하는, 다시 말하면 IP 블록을 제공하는 기업이다. 디자인 하우스는 팹리스 기업이 설계한 디자인을 파운드리 기업이 제조할 수 있도록 다시 디자인해주는 기업이다. EDA 기업은 반도체를 더욱 수월하게 설계할 수 있도록 소프트웨어를 제공하는 기업이다. 아울러 반도체장비 기업은 반도체를 제조하는 과정에서 필요한 장비를 공급하는 기업이며 반도체 부품과 소재 기업은 반도체를 제조하는 데 필요한 부품과 소재를 제공하는 기업이다. 마지막으로 반도체 상사는 반도체를 유통하는 기업이다. 이처럼 다양한 반도체 관련 기업들이 각각의 역할을 제대로 수행할 수 있어야만 우리가 원하는 반도체 비즈니스가 이루어질 수 있게 된다. 이 밖에도 메인 반도체 기업들을 지원하는 반도체 관련 기업들이 더 있을 수 있지만, 이 책에서는 이 정도로 정리하고자 한다.

1. IP(Intellectual Property) 기업

IP는 재사용이 가능한 매크로 블록이며 반도체 칩 상에는 무수히 많은 회로가 들어가게 된다. 블록은 지식 재산권이 되는 논리, 셀, 집적 회로 레이아웃 설계다(IP 블록을 IP 코어라고도 말한다). 자주 사용하는 블록은 사용할 때마다 재설계하지 않으며 이전에 만들어 놓은 것을 재사용한다. 이는 설계 기간을 단축할 수 있기 때문이다. 이런 블록을 제공하는 회사가 바로 IP 기업이다. 주로 팹리스 기업들이 IP를 많이 사용하고 있으며 IP를 처음 공급할 때 라이선스를 통해 IP 기업의 수익이 발생하게 된다. 뿐만 아니라 IP를 이용한 팹리스 기업이 반도체를 팔 때마다 사용에 대한 로열티 수익이 발생하게 된다. 아울러 팹리스 기업은 파운드리 기업을 선정할 때 고려하는 기준으로 얼마나 많은 IP를 보유하고 있는가로 판단하는 경우가 많다. 그래야만 원하는 다양한 설계를 하는데 용이하기 때문이다. 따라서 파운드리 기업은 팹리스 기업의 이런 니즈에 부응할 수 있도록 다양한 IP 기업들과 계약을 맺고 있는 경우가 많다. 참고로 TSMC가 파운드리 기업으로서 지금처럼 크게 성공할 수 있었던 이유 중 하나가 계약을 통해 많은 IP 기업들의 설계자산을 보유할 수 있었기 때문이다.

〈그림 14〉는 반도체기업들의 반도체 제조 프로세스이다. 그림과 같이 팹리스 기업이 원활한 설계를 하기 위해 주로 IP 기업의 설계자산을 이용하게 된다(팹리스 기업이 IP를 직접 설계하는 경우도 있지만, 돈이 많이 들어가기 때문에 꺼리는 경향이 있다). 이를 통해 팹리스 기업은 쉽고 빠르게 반도체 설계를 할 수 있게 되고 자사 브랜드의 반도체를 만들어 고객들에 판매할 수 있게 된다. 결과적으로 팹리스 기업이 IP 기업의 설계자산을 이용해 반도체를 만든

후에 많이 팔 수 있어야 IP 기업의 이익도 늘어나게 되는 구조다. 따라서 IP 기업과 팹리스 기업은 서로 상생하는 구조라 할 수 있다. 그리고 IP 기업은 자사의 칩을 가질 수 없게 됨에 따라 칩을 가지고 있지 않다는 의미로 칩리스(Chipless) 기업이라고 말하기도 한다(나중에 설명할 디자인 하우스도 자사의 칩을 가지지 않기 때문에 칩리스 기업이라고 말하기도 한다).

〈그림 14〉 반도체 기업들의 반도체 제조 프로세스

자료: 시스템반도체 비전과 전략(산업통상자원부), 2019, NICE평가정보 재편집

〈표 73〉은 전 세계 IP 기업들의 순위다. 2019년 기준으로 1위는 ARM으로 40.8%를 차지하고 있다. 최근 엔비디아가 ARM에 대한 인수합병을 발표한 후 큰 화제가 되었다. 2위는 18.2%를 차지하고 있는 시놉시스(Synopsys)다. 원래 시놉시스는 EDA(Electronic Design Automation)라는 반도체에 대한 최적화된 설계 도구를 제공하는 회사로도 유명하다. 3위는 케이던스(Cadence)로 5.9%를 점유하고 있으며 마찬가지로 EDA 설계 도구를 제공하고 있다. 4위와 5위는 SST와 Imagination Technologies로 각각 2.9%와 2.6%를 차지하고 있다.

〈표 73〉 전 세계 IP 기업들의 기업순위

단위: 백만 달러

순위	기업명	2018년	2019년	성장률	2019년 셰어	누적셰어
1	ARM	1,610	1,608	-0.1%	40.8%	40.8%
2	Synopsys	629.8	716.9	13.8%	18.2%	59%
3	Cadence	188.8	232	22.9%	5.9%	64.9%
4	SST	104.8	115	9.7%	2.9%	67.8%
5	Imagination Technologies	124.6	101.1	-18.9%	2.6%	70.4%
6	Ceva	77.9	87.2	11.9%	2.2%	72.6%
7	Verisilicon	66.3	69.8	5.3%	1.8%	74.4%
8	Achronix	52.5	50	-4.8%	1.3%	75.7%
9	Rambus	49.9	48.8	-2.2%	1.2%	76.9%
10	eMemory Technology	47.9	46.8	-2.3%	1.2%	78.1%
상위 10개 기업		2,952.5	3,075.6	4.2%	78.1%	78.1%
기타		790.2	862.4	9.1%	21.9%	100%
총계		3,742.7	3,938	5.2%	100%	100%

자료: IPnest(March 2020)

〈표 74〉는 전 세계 IP 시장규모다. 시장규모는 매년 성장하고 있는 것을 볼 수 있다. MarketsandMarkets에 따르면 시장규모는 2024년까지 65억 달러로 확대될 전망이며 연평균 성장률(CAGR)로 4.78%의 성장이 예측된다.

〈표 74〉 전 세계 IP 시장규모

단위: 억 달러

	2016년	2017년	2018년	2019년
금액	34	37	40	44

자료: MarketsandMarkets

최근 IP 업계에 변화의 바람이 불고 있는데 바로 오픈 소스(Open source)다. 리스크파이브(RISC-V)라는 집단지성을 근간으로 하는 오픈 소스인데 설계회사가 저렴한 가격으로 IP를 설계할 수 있게 된 것이다. 기존에 ARM이 모바일 분야에서 IP를 거의 독점하다시피 하였다. 하지만 이런 변화의 바람으로 인해 ARM도 설계기업에 저렴한 비용의 IP를 제공하고 있으며 스타트업에는 무료로 제공하고 있다. 리스크파이브의 장점은 비용이 크게 들지 않는다는 것과 칩에 추가기능을 설계할 때조차도 비용이 거의 들지 않는다는 점이다.

한국에서 IP로 가장 유명한 회사는 칩스앤미디어(Chips & Media)다. 텔레칩스의 자회사로 비디오 분야에 특화하고 있다. 최근 신한금융투자에서 조사한 자료에 따르면 칩스앤미디어의 산업별 매출 비중은 차량용 40.1%, 가전 36.1%, 산업용 22.4%, 모바일 1.4% 등이다.

칩스앤미디어는 매년 매출이 증가추세에 있으며 앞으로 새로운 애플리케이션에도 지속적으로 적용될 것으로 보여 전망도 밝은 편이다.

2. 디자인 하우스(Design House)

디자인 하우스는 파운드리와 팹리스 기업 간에 가교의 역할을 수행하는 회사다. 즉 팹리스 기업이 설계한 디자인을 파운드리 기업의 제조라인에 맞게끔 디자인을 다시 맞추어 생산할 수 있게 서비스를 제공하는 회사다. 퀄컴, 엔비디아, AMD와 같은 대형 팹리스 기업들은 삼성파운드리나 TSMC로부터 직접 서비스를 받는 것이 보통이다. 하지만 중소 팹리스 기업들은 대형 파운드리 기업에서 구조적으로 직접적인 케어를 하기가 어렵기 때문에 디자인 하우스에 그 역할을 맡기게 되는 것이다.

한국의 디자인 하우스는 팹리스 기업보다도 더 열악한 수준이다. 이는 그동안 국내에 파운드리 비즈니스 환경이 그리 성숙하지 못하였던 결과라고 할 수 있다. 하지만 삼성파운드리가 본격적으로 비즈니스 생태계를 조성하고 있기 때문에 인수합병 등을 통한 디자인 하우스들의 규모도 커지고 있다. 이에 따라 앞으로 디자인 하우스도 큰 성장이 기대되고 있다.

〈그림 15〉는 디자인 하우스의 사업구조다. 디자인 하우스는 팹리스 기업으로부터 제품개발에 대한 의뢰를 받아 내부적으로 다양한 작업 과정을 거친 후에 파운드리 기업에 제조를 요청한다. 경우에 따라서 디자인 하우스는 패키징과 테스트 과정에도 관여하여 대행해 주게 된다.[23]

---

23) 강구창, "반도체 비즈니스 제대로 이해하기", 지성사, 2018년, 112p

뿐만 아니라 디자인 하우스는 팹리스 기업들이 요청하는 업무에서 발생할 수 있는 모든 사항에 대한 토털솔루션(모든 서비스를 한 번에 제공하는 Turnkey Service의 개념이다)을 제공하기도 하는데 심지어 판매과정까지 관여하는 경우도 있다.

〈그림 15〉 디자인 하우스의 사업구조

자료: 저자 작성

특히 디자인 하우스는 파운드리 기업과 밀접한 관계를 가지고 있는 것이 일반적이다. 예를 들면 TSMC 같은 경우도 VCA(Value Chain Aggregator)라고 하는 디자인 하우스 그룹을 만들어 놓고 있다. 이는 TSMC가 디자인 하우스들과 밀접하게 연결되어 있다는 것을 보여준다. 이런 디자인 하우스 그룹들은 계약관계인 파운드리 기업을 대신해서 팹리스 기업들에 다양한 편의를 제공하게 된다. 실제로 VCA는 TSMC가 파운드리 기업으로 성공할 수 있었던 중요한 배경이 되었다고 해도 과언이 아니다(실제로 팹리스 기업들에 대한 영업활동을 파운드리 기업 대신 디자인 하우스가 하는 경우도 많이 있다).

최근 삼성파운드리도 TSMC의 OIP(One Innovation Platform)라는 생태계와 비슷한 SAFE(Samsung Advanced Foundry Ecosystem)라고 하는 파운드리 생태계 프로그램을 만들었다. 이를 바탕으로 TSMC의 VCA와 유사한 DSP(Design Solution Partner)라는 그룹을 만들게 되었다. 과거 삼성파운드리는 이런 파운드리 생태계를 구축하지 못하였기 때문에 성장의 한계를 보여주었다. 따라서 파운드리 기업이 성장하기 위해서는 서로 상생할 수 있는 생태계를 구축하는 것이 무엇보다 중요하다고 할 수 있다. 나아가 디자인 하우스들이 성장할 수 있을 때 파운드리 기업도 같이 성장할 수 있기 때문에 이들은 서로 공생의 관계라고 말할 수 있다. 특히 디자인 하우스는 파운드리 기업을 대신해서 신규 팹리스 고객들을 대상으로 영업을 할 수 있는 능력이 있기 때문에, 파운드리 기업에 중요한 파트너가 될 수밖에 없는 구조다.

〈그림 16〉은 반도체 설계에 대한 개략적 흐름도다. 일반적으로 프론트 엔드(Front end(상위수준 기술에서 Gate 수준 시뮬레이션까지)) 설계는 팹리스 기업에서 자체적으로 진행하는 것이 일반적이다. 하지만 백 엔드(Back end (P&R에서 포스트 시뮬레이션까지)) 설계와 마스크 제작은 디자인 하우스에서 진행하는 경우가 많다. 보통 국내의 규모가 작은 팹리스 기업들은 백 엔드까지 설계할 수 있는 여력이 되지 않고 툴(Tool)의 비용도 비싸기 때문에 굳이 백 엔드 설계까지 하지 않는 것이 일반적이다.

〈그림 16〉 반도체 설계에 대한 개략적 흐름도

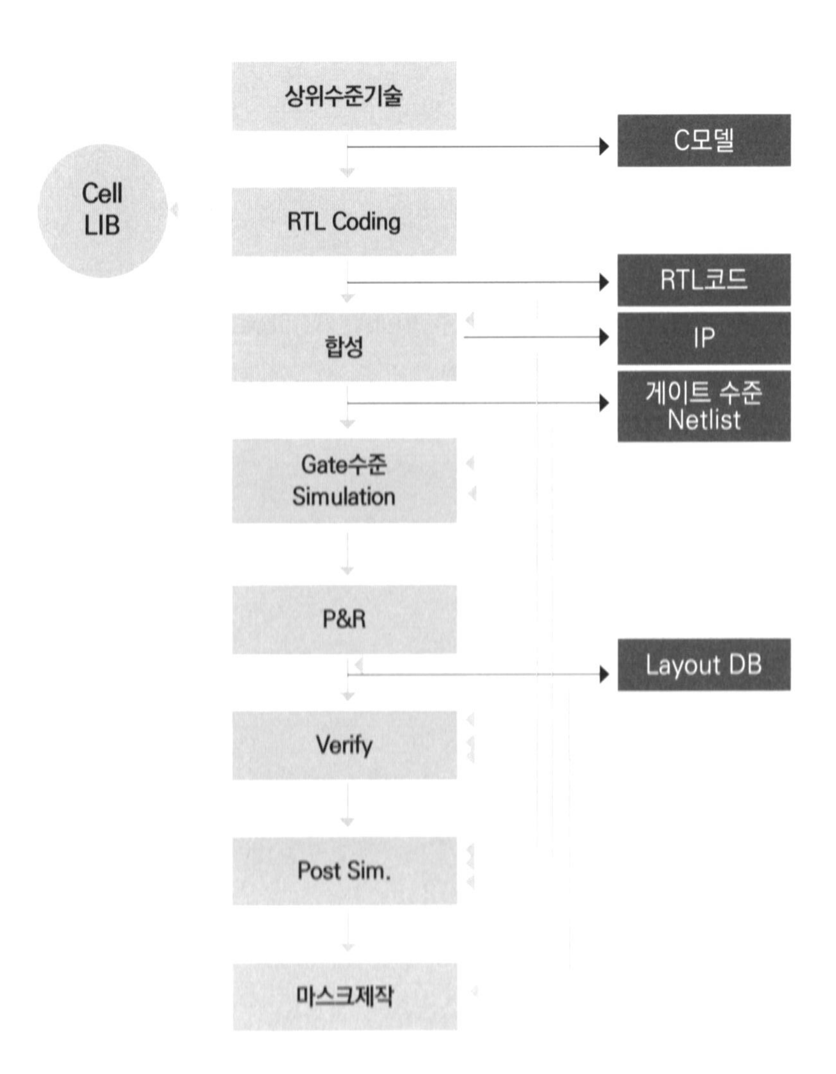

자료: 반도체 비즈니스 제대로 이해하기 책에서 편집

전 세계에서 가장 성공적인 디자인 하우스는 TSMC의 핵심 파트너인 대만의 GUC(Global Unichip Corporation)다. GUC는 1998년에 설립되었고 조직 규모만 해도 700명 이상이 있으며 이는 한국의 디자인 하우스 전체의 인원들을 포함한 숫자보다도 많다. 이 회사는 TSMC가 출자한 회사(TSMC는 2003년 투자를 시작하여 현재 지분 34.8%를 보유한 최대 주주다)며 대만뿐만 아니라 전 세계 팹리스 기업들에 다양한 서비스를 제공하고 있다. GUC는 2006년 상장 당시 시가총액이 2,000억 원 수준에서 현재 1조 3,000억 원 수준까지 올랐고 매출액은 2006년 3,358Mn(TWD)에서 2019년 10,710Mn(TWD)까지 증가했다.[24] GUC의 강점은 턴키 비즈니스의 비중이 높다는 것이다. 고객당 서비스를 제공할 수 있는 분야가 많기 때문에 고객들이 GUC를 떠날 가능성이 적은 반면, 각각의 팹리스 고객들로부터 얻을 수 있는 부가가치는 크다고 할 수 있다.

국내의 디자인 하우스로 대표적인 기업은 2002년에 설립된 에이디테크놀로지(AD Technology)다. 코스닥 시장에 상장된 기업으로 인원은 110명 정도고 매출은 2천억 원이 넘는다. 원래 에이디테크놀로지는 TSMC의 디자인 하우스였지만 2020년 TSMC와 결별하였다. 에이디테크놀로지는 인수합병 등을 통해 사업을 지속해서 확장하고 있으며 앞으로 삼성파운드리의 DSP로 활약하게 될 것으로 보인다.

---

24) 배요한, “리딩투자 코아시아, 삼성전자 DSP 등록으로 재평가 기대”, 서울경제 TV 2020년 4월 23일, (http://www.sentv.co.kr/news/view/572015)

3. EDA(Electronic Design Automation) 기업

EDA는 Electronic Design Automation의 약자로 ECAD(Electronic Computer-Aided Design)라고 불리기도 한다. 이는 PCB 등에 쓰이는 전자회로에서부터 반도체까지 다양한 전자장치를 설계하는 것을 말한다. EDA가 활용되는 대표적인 산업은 반도체 설계 분야라고 할 수 있다. 반도체 분야에서 EDA는 반도체를 손으로 직접 설계할 수 없어서 소프트웨어를 이용해 자동으로 설계할 수 있게 해주는 툴이라고 말할 수 있다. 최근 반도체 설계기술이 더욱 미세하고 복잡하게 진행되어 감에 따라 EDA 툴의 중요성은 더욱 부각되고 있다. 나아가 툴에는 반도체 설계를 위한 툴뿐만 아니라 그 밖에도 다양한 용도의 툴들이 있다.

EDA 시장은 과거 여러 기업이 있었으나 모두 사라지고 지금은 시높시스, 케이던스 디자인 시스템즈와 멘토 지멘스비즈니스(Mentor a Siemens Business)만이 살아남아 한국 시장의 95% 이상을 점유하고 있다. 2019년 세계 EDA 시장 규모는 102억 5,000만 달러(약 12조 2,000억 원)로 전년보다 5.8% 커지게 되었다. 앞으로도 매년 10% 가까이 성장할 것으로 예상된다. 중국 정부 산하 시장조사업체인 중국 전자정보산업발전 연구원(CCID)의 자료에 따르면 이 시장을 미국의 3대 기업인 시놉시스가 32.9%, 케이던스가 22.9%, 멘토가 10.2%를 차지하고 있다. 참고로 이 기업들 모두 한국에 지사를 두고 다양한 고객들을 적극적으로 지원하고 있다.

EDA 툴은 크게 2가지로 분류되는데 하나는 설계를 하는 툴이며 다른 하나는 설계 결과를 검증하는 툴이다. EDA 시장은 다양한 요인들로 인해 새로운 기업들이 진입하기 어려운 시장이기 때문에 이 3개의 기업들은 앞으로도 시장을 과점해 나아갈 것으로 보인다.

앞서 언급한 3사의 매출이 가장 높고 3사의 툴이 없이는 반도체를 설계할 수 없다고 말할 수 있을 정도기 때문에 3사에 대해서 구체적으로 살펴보도록 한다. 먼저 시놉시스에 대해 알아보도록 한다.

시놉시스는 1986년 미국 실리콘밸리에서 설립된 기업으로 14,500명 정도가 120개의 글로벌 오피스에서 근무하고 있다. 시놉시스는 전 세계 EDA 반도체 설계 분야에서 1위를 기록하고 있으며 3,200개 이상의 특허를 보유하고 있다. 시놉시스는 그동안 많은 기업에 대해 인수합병을 진행하면서 다양한 솔루션을 보유할 수 있었기 때문에 고객의 니즈에 맞추어 성장할 수 있었다.

특히 시놉시스는 전 세계의 유망한 반도체 설계, 전자제품, 소프트웨어 개발 기업의 성공적인 파트너로서 다양한 솔루션을 제공하고 있다. 주로 고객에 반도체를 설계하고 검증하기 위한 솔루션을 제공함으로써 고객은 사물인터넷, 의료, 금융, AI, 자율주행차, 5G 등 다양한 시장에서 활용하고 있다. 뿐만 아니라 시놉시스는 고객에 다양한 포트폴리오의 IP도 제공하고 있어 고객이 반도체설계를 보다 편리하게 진행할 수 있도록 도움을 주고 있다. 2014년부터는 소프트웨어 보안과 품질(Security and Quality) 리스크를 종합적으로 관리할 수 있는 솔루션으로 사업을 확장하였다. 현재 시놉시스는 삼성파운드리의 파트너로서 거래 관계를 유지하고 있다.

〈표 75〉는 시놉시스의 매출 추이를 보여주고 있다. 매출은 매년 증가하고 있는 것을 볼 수 있다. 이는 소프트웨어의 특성상으로 재구독률이 매우 높기 때문에 반도체 시장이 커질수록 매출도 증가할 수밖에 없는 구조로 되어 있다.

〈표 75〉 시놉시스의 매출추이

단위: 백만 달러

	2014년	2015년	2016년	2017년	2018년	2019년
매출	2,057.47	2,242.21	2,422.53	2,724.88	3,121.06	3,360.69

자료: 회사내부자료

다음은 케이던스에 대해 알아보도록 한다. 케이던스는 1988년에 설립된 미국 캘리포니아 산호세에 본사를 둔 기업이다. 직원은 8,900명 정도며 실리콘밸리에서 가장 일하기 좋은 곳 50군데 중 한 개 기업이다. 케이던스는 전 세계의 반도체, 통신장비, 멀티미디어 그리고 가전제품 기업들이 다양한 제품을 적시에 개발하고 생산할 수 있도록 EDA 소프트웨어와 디자인 서비스를 제공한다. 케이던스의 장점은 다양한 솔루션을 고객들에 제공하고 있다는 점이다.

〈표 76〉은 케이던스의 매출 추이다. 마찬가지로 케이던스의 매출도 매년 증가하고 있으나 매출금액은 시놉시스보다 적어서 2위를 기록하고 있다.

〈표 76〉 케이던스의 매출추이

단위: 백만 달러

	2014년	2015년	2016년	2017년	2018년	2019년
매출	1,580.93	1,702.09	1,816.08	1,943.03	2,138.02	2,336.32

자료: 회사내부자료

〈표 77〉은 케이던스의 매출지역이다. 현재 매출 지역은 1위인 미국이 44%며 2위는 19%로 아시아다. 3위는 18%로 유럽, 중동과 아프리카며 4위는 12%로 중국이다. 마지막으로 5위는 7%로 일본이다.

〈표 77〉 현재 케이던스의 매출지역

지역	미국	아시아	유럽, 중동, 아프리카	중국	일본
매출	44%	19%	18%	12%	7%

자료: 회사내부자료

마지막으로 EDA 분야에서 3위를 기록하고 있는 멘토에 대해서 알아보도록 한다. 멘토는 1981년 설립된 본사가 미국 윌슨빌에 있는 기업이다. 멘토는 첨단 반도체, 통신, 컴퓨터, 가전 등 전자 시스템 자동설계뿐만 아니라 자동차, 항공기, 중장비 등의 전장 설계를 위한 최적의 소프트웨어와 하드웨어를 제공하고 있다. 이를 통해 멘토는 고객들이 설계 시간을 줄이게 하는 동시에 보다 적은 비용으로 효율적인 제품을 제조할 수 있도록 고객을 지원하고 있다.

한편 2017년 지멘스는 비즈니스 역량을 강화하기 위해 멘토를 인수하게 되었다. 이로써 지멘스는 반도체 및 시스템 설계, 그리고 시뮬레이션 및 제조 부문에서 완벽한 솔루션을 갖출 수 있는 기회를 얻었다. 이를 통해 지멘스는 디지털 엔터프라이즈 소프트웨어 포트폴리오를 더욱 확장할 수 있게 되었다.

현재 멘토는 지멘스의 제품수명주기관리(PLM) 소프트웨어 사업부에 소속되어 있다.[25] 결과적으로 멘토는 지멘스라는 거대기업의 일원이 됨으로써 고객가치 증대를 위해 보다 적극적으로 비즈니스를 펼칠 수 있게 되었다.

〈그림 17〉은 각 회사의 EDA 툴 지원 현황이다. 각 회사별 지원 가능한 툴, 요청으로 지원 가능한 툴과 지원 불가능한 툴로 나누어져 있다.

〈그림 17〉 각 회사의 EDA 툴 지원 현황

Only support for techfile

Available | Available on request | Not Available

cādence	Composer	Spectre	Virtuoso-XL (IC5.1/IC6.1)	PVS	PVS	Spectre
SYNOPSYS	Custom Designer-SE	HSPICE	Laker-OA	Hercules	Star RC	HSPICE
Mentor Graphics	DA-IC	Eldo	IC station	Calibre	Calibre XRC	Eldo
Others		ADS(Agilent)				ADS(Agilent)

자료: SK하이닉스 시스템아이씨 홈페이지

25) Siemens Homepage press, "Siemens closes acquisition of Mentor Graphics", Nov 14, 2016, (https://press.siemens.com/global/en/event/siemens-closes-acquisition-mentor-graphics)

4. 반도체 장비(Semiconductor Equipment) 기업

반도체 장비는 반도체(소자)를 생산하는 과정에서 필요한 모든 장비를 말한다. 보다 성능이 우수한 반도체를 생산하기 위해서는 무엇보다 장비의 역할이 중요하다. 따라서 반도체 장비의 기술발전이 없이는 성능이 우수한 반도체를 생산하기 어렵다. 즉 첨단 반도체 장비는 반도체 산업의 성장에 있어 필수라 할 수 있다.[26] 그만큼 반도체와 장비는 서로 밀접한 관계가 있을 뿐만 아니라 반도체제조 기업의 수요가 있어야만 장비도 같이 필요하게 된다. 그리고 반도체 장비는 반도체 기업의 주문에 따른 커스텀메이드(Custom-made)가 일반적이다. 아울러 반도체 장비는 신뢰성이 가장 중요하기 때문에 신규 생산자가 진입하기 어려운 점이 있다. 특히 반도체 기업들은 기존에 쓰던 신뢰성이 검증된 기업의 장비를 주로 구입하려는 경향이 무엇보다 강하다.

우리나라 반도체 기업들은 장비에 대한 해외기업들에 의존율이 높은 편이어서 많은 장비들을 수입해서 쓰고 있다(대략 80%의 장비를 수입해서 쓰고 있다). 공정의 미세화와 난도가 빠른 속도로 진행됨에 따라 이에 대응할 수 있는 장비기술이 중요해지고 있지만, 국내 반도체 장비 기업들의 기술력 부족으로 이를 해결하는 데 어려움을 겪고 있기 때문이다. 기술적 측면에서 후공정 장비보다는 전공정 장비들이 개발하기 더 어려운 것으로 알려져 있다.

---

26) 권영화·엄재근, "글로벌 반도체장비 기업들의 리스크관리 메커니즘에 대한 사례연구: Applied Materials, ASML과 Tokyo Electron을 중심으로", 전문경영인연구 제21권 제4호, 260p

세계반도체장비재료협회(SEMI)의 팹 전망 보고서(World Fab Forecast)에 따르면 전 세계 전공정 생산라인 Fab 장비 투자액이 2020년 8%, 2021년에는 13%로 증가할 것으로 보인다. PC, 게임, 전자 기기 등의 수요 증가뿐만 아니라 5G를 위한 장비 투자액이 증가하고 있기 때문이다. 나아가 지속하고 있는 미·중 무역 분쟁으로 안전 재고를 확보하려는 수요도 계속해서 증가하고 있다.

〈표 78〉은 글로벌 반도체 장비 Top 15 기업들의 2019년 매출액이다. Applied Materials가 134억 6천만 달러로 1위다. Applied Materials는 미국 기업으로 식각, 이온주입, 증착, CMP(Chemical Mechanical Planarization) 등의 다양한 장비를 만들고 있다. 2위는 ASML로 127억 6천만 달러다. ASML은 네덜란드 기업으로 EUV 장비로 유명한 회사다. ASML은 이 장비를 세계에서 유일하게 만들 수 있는 기업으로 7nm 이하 공정의 시장을 독점하고 있다. 3위는 Tokyo Electron으로 95억 5천만 달러다. Tokyo Electron은 일본기업으로 식각, 증착과 세정 장비 등을 만들고 있다. 4위는 Lam Research로 95억 4천만 달러다. 미국기업인 Lam Research도 식각, 증착과 세정 장비 등을 만들고 있다.

〈표 78〉 글로벌 반도체 장비 Top 15 기업들의 2019년 매출액

단위: 십억 달러

순위	업체명	국가	매출액
1	Applied Materials	미국	13.46
2	ASML	네덜란드	12.76
3	Tokyo Electron Limited	일본	9.55
4	Lam Research	미국	9.54
5	KLA-Tencor	미국	4.66
6	Advantest	미국	2.46
7	Screen Semiconductor	일본	2.20
8	Teradyne	미국	1.55
9	Hitachi High-Technologies	일본	1.53
10	ASMI	네덜란드	1.26
11	Nikon	일본	1.20
12	Kokusai	일본	1.13
13	Daifuku	일본	1.10
14	ASM Pacific	싱가포르	0.89
15	Cannon	일본	0.69

자료: 「VLSI 리서치」, 2020. 3, 「전자신문」, 2020. 5. 6

〈그림 18〉은 반도체 제조 공정별 국내외 주요 기업들을 나타내고 있다. 그림을 보면 국내외 많은 반도체장비 기업들이 있는 것을 알 수 있다. 대략 전공정 장비가 70% 정도를 차지하고 있으며 후공정 장비가 30% 정도를 차지하고 있다. 그리고 전공정 장비 중에 식각, 증착, 노광 장비가 대략 60% 이상을 차지하고 있다.

〈그림 18〉 반도체 제조 공정 별 국내외 주요 기업들

구분	세부공정	주요 해외기업	주요 국내기업
전공정	감광액 도포	TEL(일)	케이씨텍
전공정	노광/현상	ASML(네) Nikon(일)	세메스
전공정	식각	AMAT(미) TEL(일) Screen(일) LRCX(미)	세메스 APTC
전공정	이온주입	AMAT(미)	
전공정	증착	AMAT(미) TEL(일) LRCX(미)	주성 원익IPS 유진테크 테스
전공정	열처리	AMAT(미) TEL(일)	테라세미콘 AP시스템
전공정	CMP	AMAT(미)	케이씨텍
전공정	세정	LRCX(미) TEL(일)	세메스 PSK 케이씨텍
전공정	측정/분석	KLA(미) AMAT(미)	오로스 Tech. SNU 프리시전
후공정	패키징	Hitachi(일)	세메스 한미반도체 이오테크닉스 …
후공정	테스트	Advantest(일) Teradyne(미)	엑시콘 유니테스트 …

※ 후공정은 대부분 국내기업부설

자료: 한국기계연구원, 「미국 반도체 장비 기업의 성장과 시사점」, 2019. 12

〈표 79〉는 지역별 반도체 장비에 대한 시장의 규모다. 현재 대만 TSMC의 과감한 투자로 인해 대만의 2019년 투자액이 급격하게 증가하였다. 하지만 반도체 굴기를 실현하려는 중국 정부의 야망에 따라 앞으로 중국에서의 장비 투자가 당분간 상당히 늘어날 것으로 보인다. 뿐만 아니라 최근 삼성반도체와 SK하이닉스도 중국에 대한 투자를 늘리고 있다. 따라서 중국은 조만간 대만을 넘어 세계 최대의 투자지역이 될 수 있을 전망이다. 아울러 한국은 2019년 메모리반도체 시장의 불황에 따라 삼성반도체와 SK하이닉스의 투자액이 급격하게 줄게 되어 감소 폭이 크게 나타났다. 하지만 2020년부터 점차 투자액은 증가하고 있다. 기타 미국을 제외한 다른 국가들에서는 2019년 투자액이 크게 감소한 것을 볼 수 있다.

〈표 79〉 지역별 반도체 장비 시장의 규모

단위: 억 달러

	2017	2018(B)	2019(A)	증감률(A/B), %
대만	114.9	101.7	171.2	68.3
중국	82.3	131.1	134.5	2.6
한국	179.5	177.1	99.7	-43.7
미국	55.9	58.3	81.5	39.8
일본	64.9	94.7	62.7	-33.8
기타 지역	32.0	40.4	25.2	-37.6
유럽	36.7	42.2	22.7	-46.2
합계	566.2	645.3	597.5	-7.4

자료: SEMI(www.semi.org)/SEAJ, 2020. 4

앞으로 TSMC와 삼성파운드리를 고객으로 두면서 첨단 장비를 생산할 수 있는 기업들의 큰 성장이 기대되고 있다. 최근 TSMC와 삼성파운드리가 경쟁적으로 5nm 이하 미세공정에 대한 과감한 투자를 진행하고 있기 때문이다. 하지만 이들 기업은 주로 ASML과 같은 해외 기업들이 될 가능성이 커 보인다.

5. 반도체 소재와 부품(Semiconductor Material & Component) 기업

반도체 재료는 반도체를 직접적으로 구성하는 웨이퍼뿐만 아니라 웨이퍼를 가공하고 조립하기 위해 사용되는 모든 소재로 가스와 화학 약품을 포함한다. 부품은 반도체 제조공정에서 간접적으로 소모되는 소재로 주로 반도체 장비의 소모품인 튜브와 링 등을 말한다. 일반적으로 소재에 부품을 포함하기도 한다. 재료는 기능재료, 공정재료, 구조재료 등으로 나눌 수 있다. 기능재료는 웨이퍼라는 칩의 기판을 의미하고 공정재료는 반도체 제조공정에서 사용되는 재료를 말하며 구조재료는 패키지 공정에서 사용되는 재료를 말한다. 마찬가지로 부품도 전공정과 후공정에서 사용되는 부품으로 나눌 수 있다. 〈표 80〉은 제조공정에서의 소재와 부품의 종류를 나타내고 있다.

〈표 80〉 제조공정에서의 소재와 부품의 종류

구분		주요소재 / 부품
준비공정		-Si Wafer -Slurry (웨이퍼 제작용) -부직포, Blade, 오일류
전공정	산화	-소재: SiO2, SiN 등의 Gas Chemical
	노광	-소재: 감광액(포토레지스트), Interlayer소재, 반사방지막, 현상액
		-부품: Chuck류
	식각	-소재: Bulk Gas(NF3, C2F6), Wet Etch(HSN, HF)
		-부품: CVD Ring
	증착	-소재: 프리커서, Target
	C&C (연마, 세정)	-소재: Slurry, Stripper
		-부품: PAD, Conditioner
후공정		-소재: 인쇄회로기판(PCB), 리드프레임 등
		-부품: Probe-card, Tester

자료: SKC

보통 전공정에서 사용되는 소재와 부품이 후공정보다 더 많아 60% 이상을 차지하고 있다. 나아가 소재와 부품생산의 60% 이상을 일본기업들이 담당하고 있다. 2019년 일본 정부가 소재 기업들에 대해 한국 수출을 금지하게 됨에 따라 오히려 국내 소재 기업들이 기술개발에 전념할 수 있게 되어 많은 소재와 부품들이 국산화가 서서히 진행되고 있다. 그럼에도 불구하고 대부분 원천기술이 부족한 중소기업들이 소재와 부품을 생산하고 있다 보니 어려움을 겪으면서 첨단 소재와 부품은 여전히 다른 나라로부터 수입에 의존하고 있다. 아울러 반도체 소재에서 사용 비중이 가장 큰 분야는 실리콘 웨이퍼다. 반도체 소재에서 실리콘 웨이퍼의 비중은 전공

정 소재 기준으로 18%며 전체 공정을 기준으로 약 12% 수준이다.[27]

〈표 81〉은 제조공정별 소재와 부품의 국산화율이다. 열처리 분야는 70%를 국산화하고 있지만, 이온주입과 노광 분야는 100% 수입에 의존하고 있다.

〈표 81〉 제조공정 별 소재와 부품의 국산화율

열처리	증착	세정	평판
70%	65%	65%	60%
식각	**측정분석**	**이온주입**	**노광**
50%	30%	0%	0%

자료: IBK경제연구소

일반적으로 반도체 장비는 반도체 시장의 업황에 따라 발주량에 대한 변동이 큰 편이지만 소재와 부품은 생산량의 변동에 따라 수요가 정해지기 때문에 수요의 변동 폭이 심하지 않으며 안정적인 편이다. 주로 수입에 의존하고 있는 소재와 부품산업을 육성하기 위해 정부에서 국내 기업들에 다양한 지원을 하고 있다. 최근 공정의 미세화로 공정의 증가뿐만 아니라 적층기술의 발전으로 인해 반도체 생산에 쓰이는 재료량 자체가 계속 증가하고 있기 때문에 불황에도 소재에 대한 수요가 줄지 않고 있다. 더욱이 경기의 호황 때에는 수요가 증가하기 때문에 앞으로도 꾸준하게 시장규모가 증가할 전망이다.

27) 김영건·류영호·차유미, "중국 반도체 간설힘과 성장성에 대한 투자", 미래에셋대우 Global Industry Report, 2020년 8월 27일, 31p

공정에 필요한 부품은 지속적으로 1개월에서 6개월 사이에 교체해야만 하므로 교체수요가 꾸준하게 발생한다. 따라서 부품사업은 매우 안정적이라 할 수 있다. 〈그림 19〉는 반도체 소재와 부품시장의 규모 추이다. 매년 증가추세를 나타내고 있는 것을 볼 수 있다.

〈그림 19〉 반도체 소재와 부품시장의 규모 추이

2016년	2017년	2018년	2019년	2020년	2021년
11,450	12,550	13,800	15,240	16,850	18,535

단위: 백만 달러

자료: 중소벤처기업부

〈표 82〉는 지역별 반도체 재료 시장의 규모다. 2019년 기준으로 대만이 113억 4천만 달러로 1위를 기록하고 있으며 한국이 88억 3천만 달러로 2위를 차지하고 있다. 대만의 경우 TSMC와 UMC 그리고 한국은 삼성반도체와 SK하이닉스로 인해 시장이 큰 편이다. 중국은 86억 9천만 달러로 3위를 기록하고 있으며 일본은 77억 달러로 4위를 차지하고 있다. 중국은 정부의 반도체 산업 지원정책으로 인해 앞으로의 수요가 더욱 증가할 것으로 보인다.

<표 82> 지역별 반도체 재료 시장의 규모

단위: 억 달러

지역	2018년	2019년	변화 %
대만	116.2	113.4	-2.4%
한국	89.4	88.3	-1.3%
중국	85.2	86.9	1.9%
일본	78.0	77.0	-1.3%
기타지역 (싱가포르, 말레이시아, 필리핀)	62.1	60.5	-2.6%
북미	57.3	56.2	-1.8%
유럽	38.9	38.9	0%
총계	527.3	521.4	-1.1%

자료: SEMI 최신 반도체 재료 시장 보고서

<표 83>은 전공정 소재와 부품별 기업 현황이다. 주로 일본기업들이 다수 점유하고 있는 것을 볼 수 있다.

<표 83> 전공정 소재와 부품별 기업현황

소재	제품군	주요기업
실리콘웨이퍼	실리콘웨이퍼	신에츠(일본), Sumco(일본), 글로벌웨이퍼스(대만), 실트로닉(독일), SK실트론(한국)
포토마스크	포토마스크, Blank Mask	Toppan(일본), Photronic(미국), DNP(일본), Hoya(일본), S&S Tech(한국), 신에츠(일본)
포토소재	PR, SOC, SOD, 공정부자재	JSR(일본), Dow(미국), Fuji(일본) 등 7개 기업 주도
습식 케미컬[1]	식각액, 세정액	각 제품별 전문기업이 주도

가스	공정용 특수가스류	글로벌 산업용 가스기업이 주도 에어리퀴드(프랑스), 린데(독일), 프렉스에어(미국) 등
스퍼터링 타겟[2]	알루미늄, 티타늄, 구리 등	글로벌 4개사 과점, Tosoh(일본) 등
CMP 슬러리와 패드	CMP 공정소재	슬러리: Cabot(미국) 40% 패드: Dow Electronic Materials(미국) 과점 80%
기타 / 신규소재	유전체, Cu-Solvent, 프리커서류	각 제품별 전문기업이 주도
세라믹 Parts	실리콘(Si), 탄화규소(SiC), 알루미늄(Al), Quartz류	글로벌 장비업체 부품류 → OEM 공급

주: 1) 반도체 제조공정에서 세정과 식각 등에 사용되는 화학제품
2) Sputtering target은 박막 증착의 원료로 사용

자료: IHS, SKC(2017)

6. 반도체 상사(Semiconductor Trading Company)

반도체 상사는 IDM 기업이나 팹리스 기업이 만들어낸 반도체를 시장에 유통하는 역할을 담당하고 있다. 국내에서는 반도체를 시장에 유통하는 기업을 보통 상사라고 말한다. 이는 일본에서 온 말로 제조를 하지 않고 제조한 물건을 유통하는 기업이라는 의미다. 상사는 반도체가 고객에 판매되는 접점에 있는 회사이기 때문에 반도체 비즈니스에서 가장 중요한

기업이라고 할 수도 있다. 반도체의 판매가 원활하게 제대로 이루어져야 비즈니스가 성립될 수 있기 때문이다. 일반적으로 반도체 상사들은 단순하게 반도체를 판매만 하는 것이 아니라 고객에 다양한 기술지원을 한다는 점에서 일반 유통 기업들과는 많이 다르다. 규모가 어느 정도 있는 상사들은 자체적으로 엔지니어들을 보유하고 있어 직접 고객들에 기술지원 서비스를 진행하고 있다. 그리고 이들 기업은 반도체뿐만 아니라 각종 전자 부품 등도 같이 유통하는 경우가 많다.

반도체 유통의 형태는 IDM 기업이나 팹리스 기업들이 자체적으로 직접 진행하는 경우도 있다. 하지만 반도체 비즈니스는 해외 비즈니스가 일반적이기 때문에 해외 유통을 위해서는 이런 상사들을 활용할 수밖에 없는 경우가 많다. 만약 IDM 기업이나 팹리스 기업이 다른 국가에 자사의 반도체를 유통하고 싶으나 그 국가에 지사가 없다면 현지에 있는 상사를 통하는 것이 비용이나 효율 면에서 더욱 유리하다. 그리고 일반적으로 IDM 기업이나 팹리스 기업이 어느 한 상사에만 유통을 맡기는 경우는 드물다(물론 독점적으로 어느 한 상사에 맡기는 경우도 있으나 이럴 경우 상사는 MOQ라고 하는 최소주문 수량을 만족시켜야만 한다). 한 상사에 독점으로 맡길 경우 그 기업이 영업 활동을 소홀히 하게 되면 자사의 반도체 유통에 어려움이 생기기 때문이다. 따라서 통상적으로 3개 정도의 역량이 있는 상사들을 선정하여 그 상사들이 경쟁적으로 자사의 반도체를 유통시키게 만드는 경우가 많다.

반도체 유통에는 크게 2가지 방식이 있다. 첫 번째는 디스트리뷰터(Distributer) 방식이고 두 번째는 렙(Representative) 방식이다. 디스트리뷰터 방식은 IDM이나 팹리스 기업으로부터 반도체를 구매하여 재판매하는 방식이다. 그리고 렙 방식은 IDM이나 팹리스 기업으로부터 반도체를 구매하는 것이 아니라 공급자와 수요자 간에 거래가 성사되면 IDM이나 팹리스 기업으로부터 수수료(Commission)를 받게 되는 구조다.

디스트리뷰터 방식은 어느 정도 규모와 자본이 있는 기업들이 선호하는 방식이다. 매출의 규모가 커지고 마진도 높아지기 때문이다. 반면 반도체를 구매하기 위해서는 어느 정도 자본이 필요하고 나중에 고객에 판매하지 못하게 되면 재고를 떠안을 가능성이 있다(일반적으로 디스트리뷰터는 고객이 빠른 납기를 원하기 때문에 재고를 어느 정도 확보해야 할 필요성이 있다. 하지만 만약 고객이 보유하고 있는 재고를 사주지 않으면 그 재고는 팔 수 없는 재고로 남게 된다). 반면 자본이 부족한 소규모의 기업들은 렙방식을 선호하는 경우가 있다. 굳이 IDM이나 팹리스 기업으로부터 반도체를 구매할 필요가 없고 이에 따라 재고를 떠안게 되는 부담도 없기 때문이다. 하지만 낮은 수수료를 받는 경우가 일반적이고 매출 규모도 적을 수밖에 없다.

〈표 84〉 디스트리뷰터 방식과 렙 방식의 비교

	디스트리뷰터 방식	렙 방식
장점	1. 매출의 규모가 큼 2. 마진이 높음	1. 재고의 부담이 없음 2. 큰 자본이 필요 없음
단점	1. 재고의 부담이 있음 2. 어느 정도 자본이 필요	1. 매출규모가 작음 2. 마진이 낮음

자료: 저자 작성

〈표 85〉는 2020년 반도체 상사의 순위다. 1위는 Arrow Electronics, Inc. 로 2019년 매출은 28,916,847천 달러다. 2위는 Avnet으로 매출은 19,518,600천 달러며 3위는 Future Electronics Inc. 로 매출은 5,000,000천 달러다. 4위는 TTI, Inc. 로 매출은 2,830,000천 달러며 5위

는 Digi-Key로 매출은 2,880,000천 달러다. 아울러 10위까지의 반도체 상사들이 대부분 미국기업이라는 점을 알 수 있다.

〈표 85〉 2020년 반도체 상사의 순위

단위: 천 달러

	기업명	2019년 매출	국가
1	Arrow Electronics, Inc.	28,916,847	미국
2	Avnet	19,518,600	미국
3	Future Electronics Inc.	5,000,000	캐나다
4	TTI, Inc.	2,830,000	미국
5	Digi-Key	2,880,000	미국
6	Electrocomponents plc/Allied Electronics, Inc.	2,038,290	미국
7	Mouser Electronics	1,850,000	미국
8	Farnell, trading as Newark in North America	1,458,000	미국
9	Smith	1,350,834	미국
10	Rutronik	1,230,000	독일

자료: SourceToday

국내 반도체 상사는 영세한 경우가 대부분이다. 주식시장에 상장되거나 인원이 100명 이상 되는 기업은 많지 않은 실정이다. 반도체 비즈니스가 원활하게 이루어지기 위해서는 상사가 무엇보다 중요한 역할을 해야만 한다. 하지만 국내에는 세계적으로 역량이 있는 반도체 상사가 없기 때문에 상사가 발전할 수 있는 토대가 마련될 필요가 있다. 특히 최근 국내 고객들이 대부분 대기업 위주로 재편되었기 때문에 국내 반도체 상사들의 입지는 더욱 줄어들고 있다. 국내 대기업들은 상사를 통하지 않고 IDM이나 팹리스 기업으로부터 직접 반도체 구입을 원하는 경우가 많기 때문이다(대기업들은 해외의 주요 지역에 이미 진출해 있는 경우가 많아 지사를 통해 업무를 처리할 수 있기 때문에 굳이 현지의 상사를 통할 필요가 없는 경우가 많다). 따라서 규모가 있는 IDM이나 팹리스 기업들도 자체적으로 영업을 하여 반도체를 판매하거나 아니면 IT기술의 발전을 활용하여 온라인 판매로 전환하려는 노력을 기울이고 있다. 더욱이 칩의 미세화로 인해 "원칩화" 되면서 여러 칩을 판매할 필요가 없어져서 상사를 통하지 않고도 자체적으로도 판매를 할 수 있는 토대가 마련되었다. 이에 따라 그동안 국내 반도체 상사들은 생존을 위해 자체적으로 오랫동안 쌓아온 정보와 노하우를 바탕으로 제조업으로 업종을 바꾸는 경우도 많았다.

참고로 나는 일본 최대 규모의 반도체 상사에 5년 이상 근무하면서 반도체 유통을 담당하였다. 그리고 일본 반도체 상사들을 대상으로 연구하여 박사학위를 받았다. IDM이나 팹리스 기업들이 반도체를 유통시키기 위해 반도체 상사를 이용하게 되는데 이 때 반도체 상사를 이용하게 되면 어떤 이점이 있는지에 대해 거래비용 절약관점에서 분석하였다. 이 논문은 고객들이 상사를 이용하게 되면 비용이 올라간다고 생각하기 쉬운데 오히려 비용이 절감된다는 사실을 분석한 것이다.

결론적으로 국내 반도체 유통 시장이 상사의 입장에서 보면 더욱 어려워지고 있는 것은 사실이다. 하지만 해외에 아직도 규모가 큰 대규모 반도체 상사들이 많은 것을 보면 무엇인가 그들로부터 배울 수 있는 점은 있어 보인다. 아무튼 국내 반도체 상사들이 성장할 수 있어야만 반도체 비즈니스도 더욱 활성화될 수 있다는 점은 분명하다.

제7장

4차 산업혁명 시대에 새롭게 떠오르는 시장

1. 자율자동차(Autonomous Car) 시장

2. 5G(5Generation Mobile Communication) 시장

3. 사물인터넷(Internet of Things) 시장

4. AI(Artificial Intelligence) 반도체 시장

제7장

4차 산업혁명 시대에 새롭게 떠오르는 시장

반도체 산업은 미래산업의 주축이며 반도체 산업의 발전이 없다면 어느 국가도 미래의 성장동력을 갖추기 어렵다. 이는 최근 미국과 중국의 무역 분쟁에서와 같이 반도체 산업의 주도권을 갖기 위해 싸움을 지속하고 있는 것을 보아도 알 수 있다.

반도체 산업은 새로운 애플리케이션이 지속적으로 등장하는 산업이다. 지금까지의 반도체 산업의 발전사를 보더라도 새로운 애플리케이션의 등장으로 꾸준하게 성장해온 것을 볼 수 있다. 따라서 앞으로도 반도체 산업은 지속적으로 발전할 것으로 보인다.

본격적인 4차 산업시대의 도래와 함께 반도체가 적용되는 분야가 더욱 다양해지고 있다. 다시 말하면 기존에 존재하지 않았던 시장이 새롭게 열리고 있다. 특히 반도체 산업은 4차 산업을 이끌어가고 있는 중요한 산업이다. 만약 앞으로 반도체 기술이 적절하게 개발되지 않는다면 4차 산업의 성장도 불가능해지게 된다. 따라서 이번 장에서는 앞으로 반도체가 본격적으로 적용될 수 있는 분야에 대해 알아보도록 한다. 이런 분야들은 앞으로 반도체 산업을 이끌어 나아갈 중요한 시장이라 할 수 있다. 이와 같은 시장은 자율자동차, 5G, 사물인터넷, AI 등이다.

1. 자율자동차(Autonomous Car) 시장

자율자동차는 운전자가 핸들, 가속페달과 브레이크 등을 조작하지 않더라도 자동차가 스스로 목적지를 찾아서 운전하는 자동차다. 무인 자동차(Driverless car)와 비교하면 약간 다른 개념이지만 같은 의미로 사용하기도 한다. 그리고 스마트 카(Smart car), 커넥티드 카(Connected car), 로봇 자동차(Robot car)도 비슷한 개념이다. 자율자동차에는 자율주행이 단계별로 0단계에서 5단계까지 있다. 0단계는 자율주행기능이 없는 자동차며 1단계에서 5단계를 거치는 동안 자율주행에 가까워지게 되고 5단계가 되면 완전 자율자동차가 된다.

〈그림 20〉 자율자동차의 자율주행단계

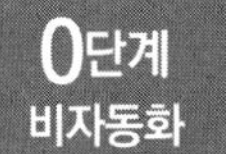

· 운전자는 상황을 파악하고 운전함

1단계
운전자 보조

· 운전자는 상황을 파악하고 운전함

· 시스템이 운전자의 가/감속 또는 조향을 보조함

· 시스템이 크루즈 컨트롤, 차로 유지 보조 등

2단계
부분 자동화

· 운전자는 상황을 파악하고 운전함

· 시스템이 운전자의 가/감속과 조향을 보조함

· 고속도로 주행 보조, 원격 스마트 주차 보조 등

3단계 조건부 자동화	4단계 고도 자동화	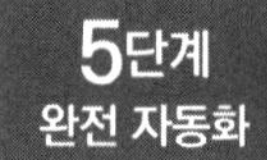

· 운전자가 시스템의 요청 시 운전함	· 운전자가 시스템에 개입하지 않음	
· 시스템이 상황을 파악하고 운전함		
· 교통 혼잡 시 저속주행, 고속도로 주행, 자동 차로 변경 등	· 시스템이 정해진 도로와 조건 하에 운전함	· 시스템이 모든 도로와 조건에서 운전함

자료: 현대자동차

현재의 자율주행에 대한 개발단계는 2-3단계 정도에 머무는 실정이다. 지금도 세계적으로 많은 기업들이 자율자동차 개발에 뛰어들고 있으며 하루라도 빨리 상용화하기 위해 큰 노력을 기울이고 있다. 자율자동차가 상용화되면 자동차는 기계라기보다는 전자기기에 가깝게 된다. 뿐만 아니라 자율자동차로 인해 도로의 환경뿐만 아니라 우리 사회의 다양한 분야에서 많은 변화가 생길 것으로 보인다.

〈그림 21〉은 2022년~2030년 글로벌 자율주행차의 시장 규모에 대한 추이다. 매년 시장규모는 성장하고 있는 것을 볼 수 있다. 그리고 2027년이 되면서 대수가 급증하게 된다. 이 시기는 자율주행차가 완전 상용화되는 시기라고 볼 수 있다.

〈그림 21〉 2022년~2030년 글로벌 자율주행차의 시장 규모 추이

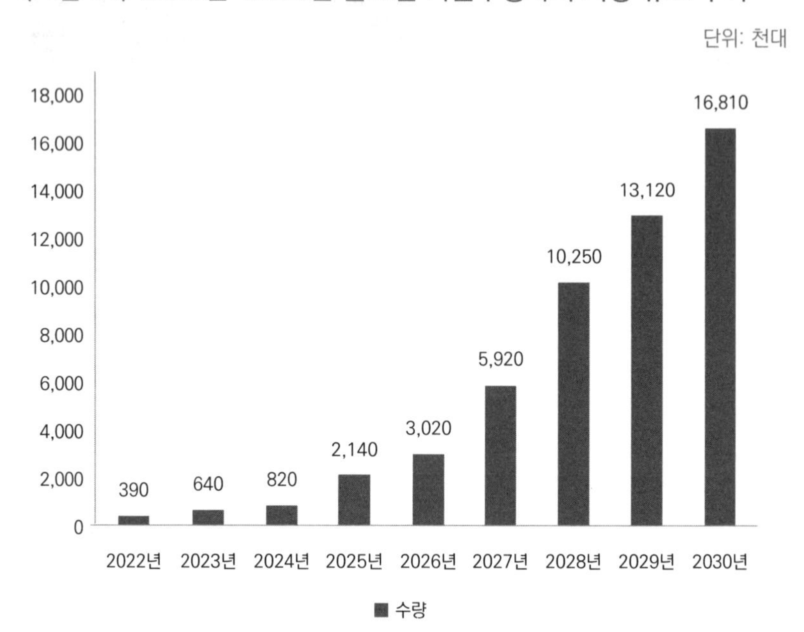

자료: 보스턴컨설팅그룹

〈그림 22〉는 차량용 반도체 시장에 대한 과거의 실적과 앞으로의 실적에 대한 전망이다. 매년 금액이 증가하고 있는 것을 볼 수 있다. 자동차가 자율자동차에 가까워질수록 반도체에 대한 수요는 급증하게 된다. 이때부터 자율자동차는 전자기기로 볼 수 있기 때문에 다양한 반도체가 적용될 수밖에 없는 구조로 바뀌게 된다.

〈그림 22〉 차량용 반도체의 시장 상황

단위: 억 달러

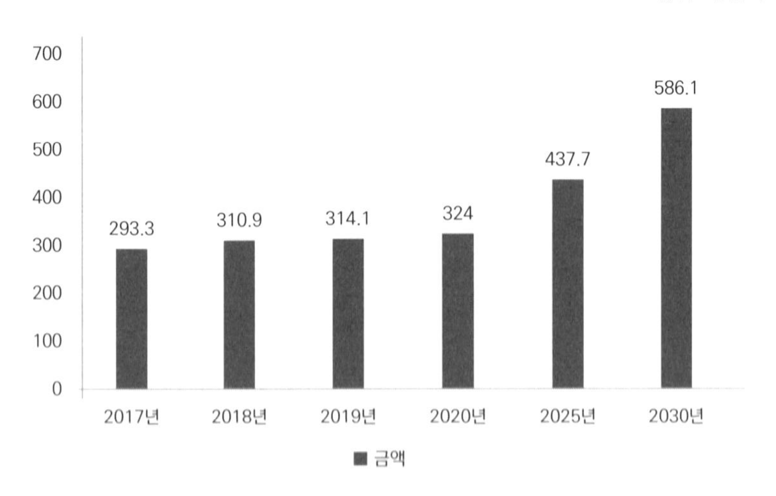

자료: Yano Research Institute

〈그림 23〉은 차량 내 반도체의 수요처다. 차량의 여러 장소에 다양한 반도체가 활용되고 있는 것을 볼 수 있다. 뿐만 아니라 지금 나타내고 있는 부분 이외에 다른 부분에도 반도체가 적용될 것으로 보인다. 현재 차량당 반도체 수요는 200-300개 정도지만 완전자율자동차로 전환되면 2,000개 이상의 반도체가 사용될 것으로 보인다. 따라서 자동차가 첨단기능을 갖출수록 반도체 수요가 급증하게 될 수밖에 없다.

〈그림 23〉 차량 내 반도체 수요처

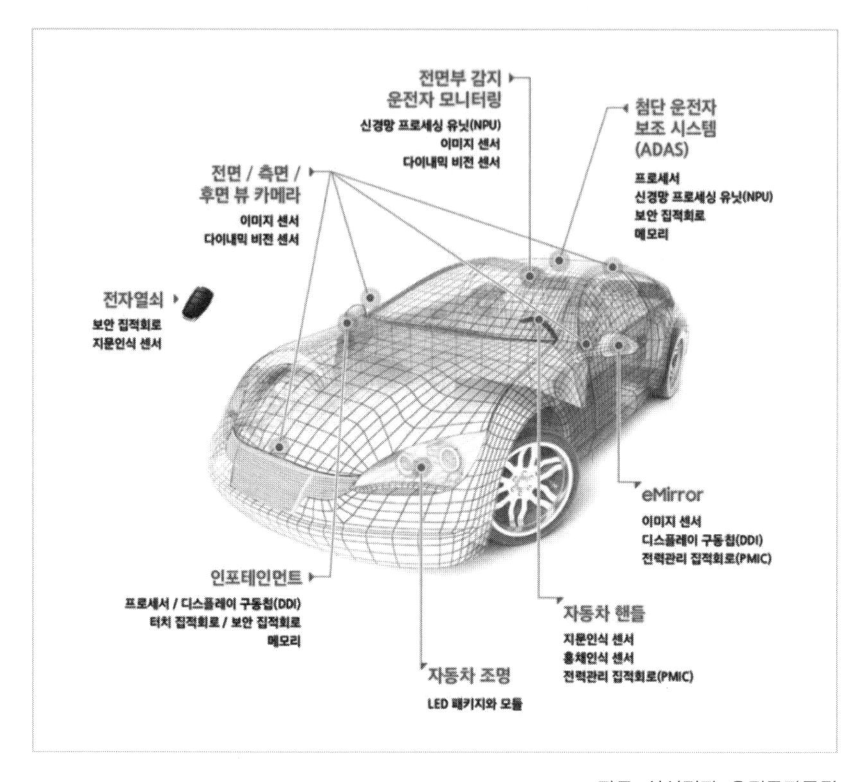

자료: 삼성전자, 유진투자증권

〈그림 24〉는 2019년 자동차 반도체 시장에 대한 각 기업의 시장점유율이다. NXP가 12%로 1위를 차지하고 있으며 Infineon이 11%로 2위를 차지하고 있다. 다음은 Renesas 9%, TI 8%, STMicro 8%, Bosch, 5%, On Semi 5% 순이다.

〈그림 24〉 2019년 자동차반도체 시장에 대한 각 기업의 시장점유율

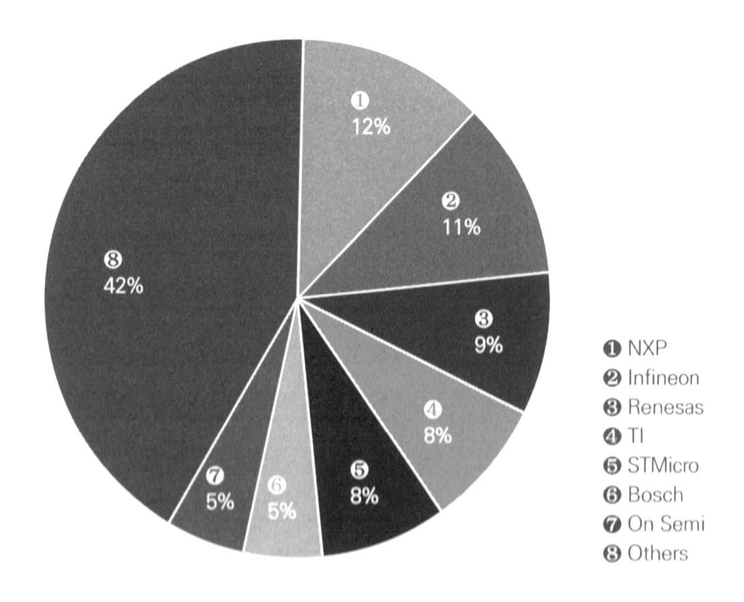

자료: The Information Network (www.theinformationnet.com)

자율자동차는 여러 가지 법률적 문제, 윤리적 문제, 각종 규제와 보상 책임에 대한 문제 등이 아직 남아있지만 앞으로 자동차 산업이 가야만 하는 방향임에는 틀림이 없다. 따라서 앞으로 자율자동차는 반도체 수요를 이끌어 나아갈 주요 분야가 될 것이 분명하다. 특히 차량용 반도체 시장은 다른 애플리케이션에 비해 성장률이 높은 시장이다. 전 세계적으로 자율자동차에 대한 투자와 관심이 높은 만큼 자율자동차에 적용될 반도체 시장도 지속해서 성장이 예상된다.

2. 5G(5Generation Mobile Communication) 시장

5G는 지금 진행되고 있는 4세대를 넘어 5세대 이동통신을 말한다. 최근 통신사, ICT 기업, 연구소, 개발자와 개인 등 다양한 분야에서 5G에 대한 관심이 점차적으로 커지고 있을 뿐만 아니라 기업들도 5G에 대한 대규모의 투자를 진행하고 있다. 이에 따라 앞으로 10년 동안 5G시장이 상당히 커질 수 있을 것으로 전망된다. 우리나라에서는 5G가 세계 최초로 2019년 상용화되었지만 아직 크게 보급되지는 않은 상황이다. 2020년도 코로나19의 영향으로 시장이 크게 성장하지 못하였다. 하지만 앞으로 5G 시장이 본격화될 것으로 예상되어 반도체 시장도 크게 성장할 것으로 보인다.

반도체의 성능이 따라주어야만 5G 시장이 제대로 형성될 수 있다. 특히 5G는 4차 산업의 중심에 있다고 해도 과언이 아니다. 5G가 상용화되면 4차 산업에서 사용되는 모든 전자기기가 서로 연결되기 때문이다. 그리고 5G 기술에 있어 가장 중요한 특징이라 할 수 있는 것은 초고속, 저지연, 초연결성이다. 초고속이 되어야만 AR 그리고 VR과 같은 다양한 애플리케이션을 즐길 수 있게 된다. 저지연은 끊이지 않고 연결되는 서비스를 말하는데 이는 안전한 자율주행을 위해 필수다. 초연결은 모든 디바이스가 동시에 연결되는 것으로 도시에서는 스마트시티를 구현할 수 있다.

〈표 86〉은 4G와 5G를 단순하게 비교한 것이다. 표를 보면 최대 전송속도, 처리 지연속도 그리고 최대 연결 기기에서 5G가 4G보다 월등한 특성을 보이는 것을 알 수 있다.

〈표 86〉 4G와 5G의 단순비교

	4G	5G
최대 전송속도	1Gbps	20Gbps
처리 지연속도	10ms	1ms
최대 연결기기	10만대	100만대 + 알파

자료: 국제전기통신연합

5G는 스마트 폰 뿐만 아니라 PC 주변 기기, 가상현실, 통신장비, 사물인터넷, 데이터센터, 스마트 팩토리 그리고 자율자동차 등 다양한 애플리케이션에 적용될 것으로 전망하고 있다. 이런 다양한 애플리케이션을 문제없이 활용하기 위해 무엇보다 중요한 것은 얼마나 성능이 우수한 반도체를 사용하느냐 하는 것이다. 즉 고성능과 고용량의 반도체가 반드시 필요해지는 것이다. 나아가 5G의 시대에는 빠른 전송속도뿐만 아니라 데이터의 용량이 커짐에 따라 이를 수용하기 위한 다양한 반도체의 수요증가가 예상된다.

〈표 87〉은 각 세대별 특성이다. 과거부터 지금까지 각 세대가 10년을 주기로 발전을 이어오고 있는 것을 볼 수 있다. 그리고 세대가 커질수록 다양한 애플리케이션들이 실현 가능해지는 것을 볼 수 있다.

〈표 87〉 각 세대별 특성

1G	2G	3G	4G	5G
1980년대	1990년대	2000년대	2010년대	2020년대
음성 (아날로그)	음성+문자 (디지털)	초고속 데이터 인터넷접속	스트리밍, 앱, 초고속인터넷	VR/AR, 자율주행, IoT, 홀로그램

자료: IITP 자료를 편집

〈그림 25〉는 전 세계 5G 시장규모의 전망이다. 매년 수요가 폭발적으로 증가하고 있는 것을 볼 수 있다. 이에 따라 2025년이 되면 시장규모가 7,914억 달러에 이를 것으로 예상하고 있다.

〈그림 25〉 전 세계 5G 시장규모의 전망

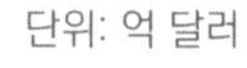

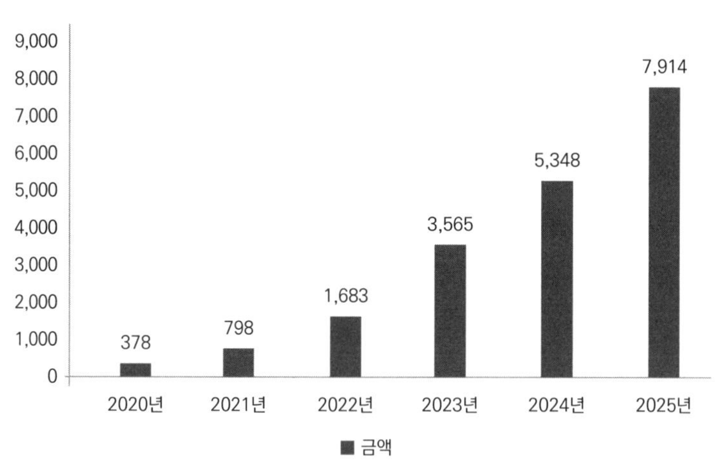

자료: KT경제경영연구소, 한국인터넷진흥원

〈그림 26〉은 전 세계 5G 통신의 반도체 시장이다. 5G 시장의 발전에 따라 통신반도체 수요도 폭발적으로 증가하고 있는 것을 볼 수 있다. 이에 따라 2023년이 되면 통신반도체 수요는 79억 6천만 달러에 이를 것으로 예상하고 있다.

〈그림 26〉 전 세계 5G 통신의 반도체 시장

단위: 억 달러

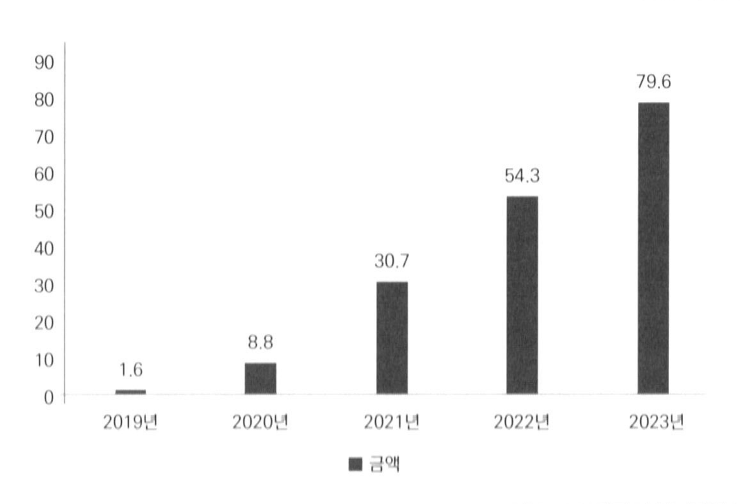

자료: 스트래티지 애널리틱스

〈그림 27〉은 각 기업별 5G 반도체에 대한 2019년 시장점유율 현황과 2023년 시장점유율 전망이다. 2019년에는 퀄컴이 거의 독점하다시피 하였지만 2023년에는 삼성반도체, 인텔과 하이실리콘이 퀄컴의 시장을 상당히 빼앗아 올 수 있을 것으로 보인다.

〈그림 27〉 각 기업별 5G 반도체의 시장점유율 (출하량기준)

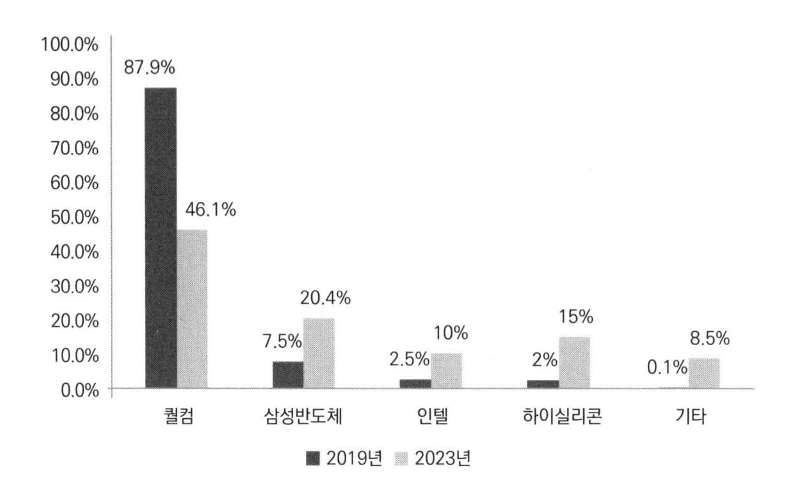

자료: 삼성반도체

조만간 5G는 반도체 시장을 이끌어 나아갈 수 있을 것으로 보인다. 이에 따라 많은 반도체기업이 5G 시장에 대비하여 많은 투자를 진행하고 있다. 삼성전자도 5G 시장을 4대 핵심시장으로 보고 많은 투자를 진행하고 있다. 나아가 5G 기술은 4차 산업의 동력이 될 것으로 보이고 4차 산업의 다양한 시장이 본격적으로 시작하기 전부터 미리 시장이 형성될 것으로 보인다. 따라서 5G는 대부분의 다른 시장보다 가장 빠른 속도로 성장해 나아갈 수 있을 것으로 예상된다.

3. 사물인터넷(Internet of Things) 시장

사물인터넷(Internet of Things)은 우리 주변에 존재하는 모든 유무형의 사물들이 다양한 방식으로 서로 인터넷으로 연결되어 새로운 형태의 서비스를 제공하는 것이다. 사물인터넷에서 더욱 확장된 의미로 사람, 모바일과 클라우드 등 모든 것을 서로 연결해 상호 간에 소통할 수 있는 것으로 만물인터넷(IoE, Internet of Everything) 이라는 개념도 있다. 사물인터넷이라는 용어는 인터넷이 생긴지 30년이 지난 1999년으로 거슬러 올라간다. P&G의 브랜드 매니저로 근무하였던 영국의 케빈 애쉬튼(Kevin Ashton)이 창안해 낸 것이다. 그는 RFID와 센서를 일상생활 속 사물에 탑재함으로써 전 세계의 모든 사물이 서로 연결될 수 있다면 새로운 물체가 생산될 수 있을 것이라는 생각으로 이 용어를 최초로 사용하였다고 전해진다.

사물인터넷을 구성하는 각 사물에는 센싱 기능이 있다. 이런 센싱 기능을 하는 반도체 센서들은 통신기술로 서로 연결되어 상호작용하며 각자 데이터를 생성할 뿐만 아니라 사물 간에 서로 데이터를 교환한다. 즉 사람이 개입하지 않고도 사물들이 서로 인터넷으로 연결되어 통신하게 되는 것이다. 그리고 사물인터넷에 연결될 수 있는 디바이스는 아래 〈그림 28〉과 같이 매우 다양하다. 이런 사물인터넷의 종류는 크게 개인, 산업과 공공 분야로 나뉘어질 수 있으며 이런 식으로 연결된 다양한 사물들은 우리의 일상생활을 더욱 편리하게 만든다. 특히 사물인터넷은 인공지능의 기초가 된다. 사물인터넷을 통해 생성된 많은 데이터는 빅데이터가 되어 인공지능에 사용될 수 있기 때문이다. 이에 따라 앞으로 더욱더 많은 다양한 사물들이 서로 연결되어 소통하게 될 것으로 보인다. 이는 더욱 많은 반도체 수요가 생기게 된다는 것과 같은 의미이기 때문에 사물인터넷과 관련된 반도체 수요도 계속해서 증가할 수밖에 없다.

〈그림 28〉 사물인터넷에 연결된 다양한 디바이스

자료: 일반자료

앞으로 인류는 더욱 편리한 생활을 추구할 것이기 때문에 일상생활에서 더욱더 많은 사물들이 다양한 방식으로 연결될 것으로 보인다. 따라서 시간이 지날수록 인터넷에 연결되는 사물들은 늘어날 수밖에 없다. 앞으로 사물인터넷을 통해 더욱 많은 데이터가 생성될 뿐만 아니라 이런 데이터를 기업들이 활용함으로써 우리의 일상생활은 더욱 편리하게 바뀔 것이다. 〈그림 29〉는 전 세계 사물인터넷 디바이스의 연결 개수이다. 매년 그 숫자가 늘어나고 있는 것을 볼 수 있다. 2025년이 되면 754억 4천만 개의 사물이 연결될 것으로 예상된다.

〈그림 29〉 전 세계 사물인터넷 디바이스의 연결 개수

단위: 10억개

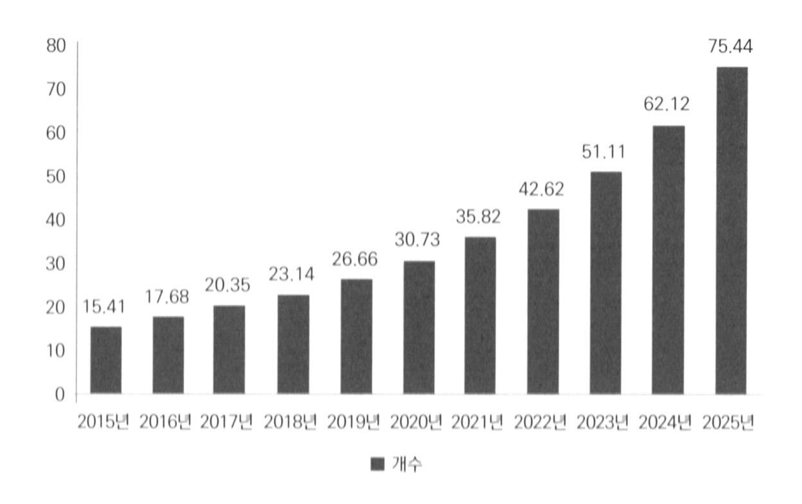

자료: https://connexion3.gr/top-iot-trends-in-2019/

〈그림 30〉은 분야별 사물인터넷의 세계시장 점유율로 1위는 스마트시티가 26%로 가장 높다. 2위는 산업용 IoT로 24%며 3위는 커넥티드 헬스로 20%다. 4위는 스마트 홈으로 14%며 5위는 커넥티드 카로 7%다. 6위는 스마트 유틸리티로 4%며 7위는 웨어러블로 3%다.

〈그림 30〉 2019년 분야별 사물인터넷의 세계시장 점유율

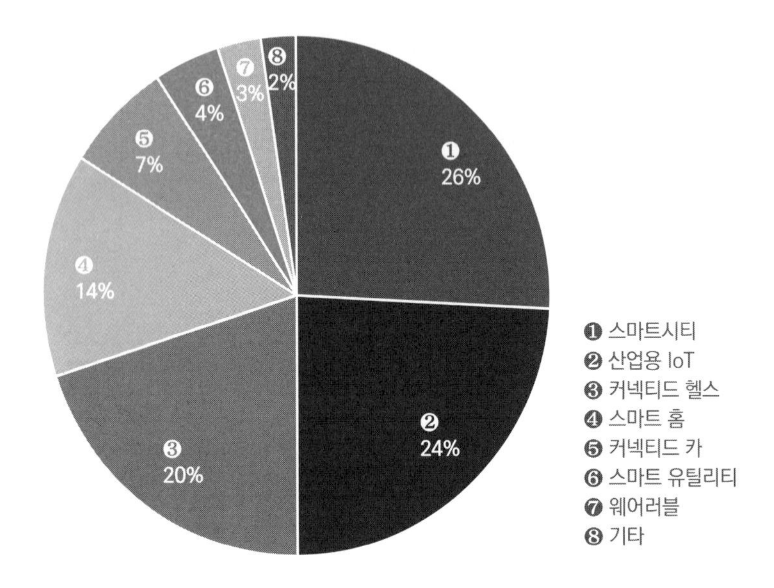

자료: GrowthEnabler Analysis

〈그림 31〉은 사물인터넷 반도체 시장의 규모다. 2015년부터 매년 증가하고 있는 것을 볼 수 있으며 2025년에는 1,140억 달러 이상에 이를 것으로 보인다. 사물인터넷에 사용되는 반도체는 메모리반도체보다는 시스템반도체가 메인이라고 할 수 있다. 시스템반도체 중에서도 센서(Sensor), 통신(Communication), 프로세서(Processor) 반도체를 중심으로 성장하게 될 것으로 보인다.[28]

28) 전승우, "사물인터넷 시대의 반도체 시장 새판짜기 경쟁 시작되고 있다", LG Business Insight 2016년 9월, 3p

이 3가지 반도체들 중에서 특히 센서가 가장 주목을 받을 전망이다. 다양한 환경에서 정보를 얻고 디지털 데이터로 변환하기 위한 기능이 필요하기 때문이다. 따라서 앞으로도 센서와 관련된 반도체 기업의 성장률이 클 것으로 보인다.

〈그림 31 사물인터넷 반도체 시장의 규모

단위: 10억 달러

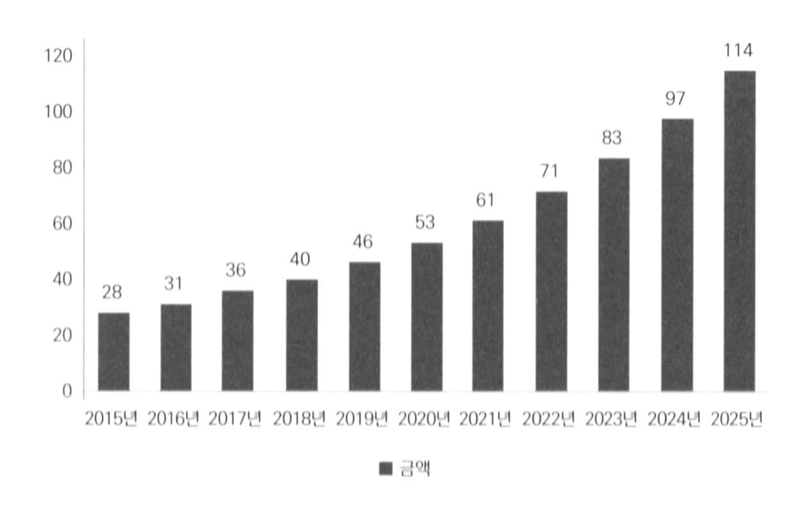

자료: 현대증권, SEMI

미래에는 더욱 많은 사물들이 인터넷으로 연결될 것으로 보인다. 이렇게 되면 사물인터넷 시장은 더욱 커질 수밖에 없게 된다. 이에 따라 많은 반도체기업이 사물인터넷 시장에 뛰어들고 있다. 삼성전자도 이 시장을 잡기 위해 대대적인 투자를 진행하고 있다. 뿐만 아니라 사물인터넷은 4차 산업의 많은 시장과도 연결되어 있다. 예를 들면 자율자동차에도 많은 센서가 필요하다. 나아가 스마트시티와도 연관된다. 따라서 앞으로 4차 산업이 본격화될수록 사물인터넷 시장도 큰 폭으로 성장을 할 것으로 전망된다.

4. AI(Artificial Intelligence) 반도체 시장

앞으로 다양한 디바이스에 AI 칩이 채택될 것으로 보이기 때문에 AI 반도체의 개발이 한층 가속화될 것으로 전망된다. AI 반도체는 기술에 따라 4가지 유형으로 나눌 수 있다. GPU(Graphics Processing Unit), FPGA(Field Programmable Gate Array), ASIC(Application Specific Integrated Circuit), 그리고 Neuromorphic chip 등이다. GPU는 CPU의 직렬처리 방식과 달리 인공지능 알고리즘과 같은 대규모 데이터를 병렬로 처리할 수 있도록 설계된 반도체다. FPGA는 고객의 요구에 맞게 인공지능 연산에 필요한 칩 내부 구성의 배열을 높은 자유도로 설정할 수 있는 반도체를 말한다. ASIC은 고객의 요구에 따라 설계된 반도체로 인공지능 응용을 위한 전용 아키텍처를 보유하고 있다. Neuromorphic chip은 사람의 두뇌와 비슷한 기능을 할 수 있도록 뇌의 작동방식을 최대한 실리콘에 구현한 반도체다. 이 칩들 중 시장에서 가장 수요가 많은 것은 ASIC이며 그다음은 GPU다.

〈그림 32〉는 AI 반도체에 대한 기술별 주요 특징을 보여주고 있다. GPU는 높은 병렬연산을 처리할 수 있다는 것이 특징이며 FPGA는 하드웨어를 재구성할 수 있다는 것이 특징이다. ASIC은 인공지능 처리에 적합

하고 낮은 소비전력이 특징이며 Neuromorphic Chip은 인공지능에 최적화되어 있고 ASIC보다도 소비전력이 낮다는 점이 특징이다.

〈그림 32〉 AI 반도체의 기술별 주요 특징

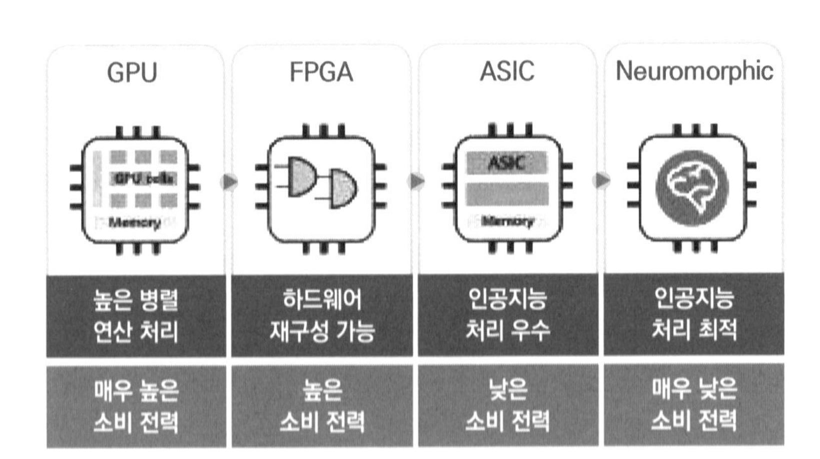

자료: ETRI – 인공지능 뉴로모픽 반도체 기술 동향 (2020)

이미 아마존, 구글, 애플, 페이스북, 마이크로소프트, 테슬라, 알리바바 등이 AI 반도체 개발에 참여하고 있다. 그리고 반도체기업인 인텔과 엔비디아뿐만 아니라 삼성반도체도 AI 반도체 시장에 뛰어들었다. 이들 기업은 AI 반도체가 미래의 성장을 이끌 수 있다고 보고 이 분야에서 주도권을 잡으려 노력하고 있다.

〈그림 33〉은 AI 반도체의 시장 전망이다. AI 반도체 시장은 2018년 70억 달러를 기록하고 2020년에 184.5억 달러를 돌파하였으며 10년 뒤인 2030년에는 1,179억 달러에 육박할 것이라고 분석하고 있다. 더욱이 시간이 흐를수록 AI 반도체 시장이 커지게 될 것이 분명하다.

〈그림 33〉 AI 반도체의 시장 전망

단위: 억 달러

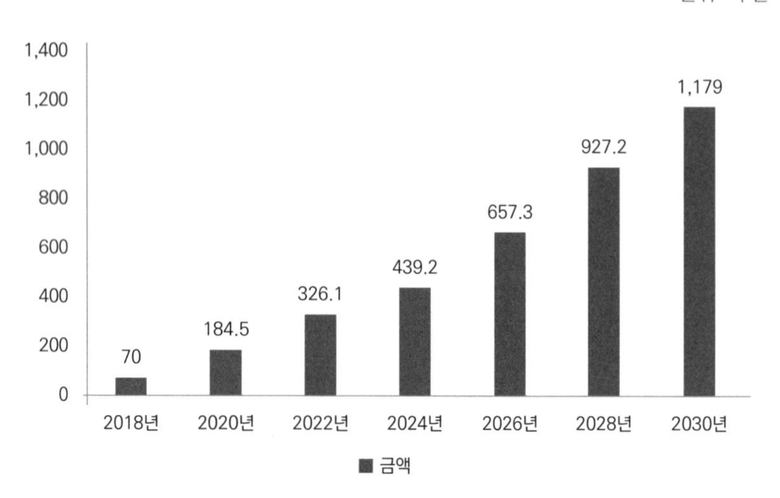

자료: 가트너 (2024년부터는 KISDI 전망)

따라서 많은 기업이 이런 엄청난 기회를 놓치지 않으려 노력하고 있다. 특히 AI 반도체가 대표적인 차세대 반도체 분야로 각광받는 이유는 스마트 홈이나 사물인터넷, 클라우드 컴퓨팅과 양자컴퓨팅 등이 IT산업의 대세로 떠올랐기 때문이다.[29]

AI 반도체를 탑재한 정보처리 장치는 방대한 양의 데이터를 처리할 수 있다. 이에 따라 지속적으로 수요가 급증하여 큰 시장을 형성하게 될 것으로 예상된다. 아래 〈표 88〉은 최근 AI 반도체 개발회사를 나타내고 있다. 표에서 보는 바와 같이 반도체 기업들뿐만 아니라 다양한 소프트웨어 기업들까지도 AI 반도체 사업에 뛰어들고 있는 것을 볼 수 있다.

29) 장소희, "차세대 반도체 찾아라, AI 반도체 기술확보 경쟁 스타트", 뉴데일리경제 2019년 12월 18일, (http://biz.newdaily.co.kr/site/data/html/2019/12/18/2019121800004.html)

그만큼 AI 반도체가 각 기업의 미래에 매우 중요하다는 것을 의미한다고 볼 수 있다. 앞으로도 더욱더 많은 기업들이 AI 반도체가 응용되는 다양한 시장을 선점하기 위해 이 시장에 뛰어들 것으로 보인다.

〈표 88〉 최근 AI반도체 개발회사

회사	현 황
인텔	AI 반도체 기업을 인수하며 기술 경쟁력을 높임. 데이터센터용 AI 반도체부터 디바이스용 반도체에 이르기까지 다양한 기술을 섭렵 중.
엔비디아	다양한 산업군에 있는 기업들과 공동 연구개발. 완성차업체, 전장 부품과 모빌리티 서비스 업체까지 수백여 개 업체와 다양한 협업 중.
테슬라	차량에 들어갈 자율주행차 전용 AI 프로세서 개발 계획.
화웨이	AI 소프트웨어와 반도체 자체 개발에 착수. '기린970'을 선보이는 등 AI 반도체 시장을 적극 공략 중.
알리바바	중국 반도체 설계업체 씨스카이 마이크로 시스템을 인수하면서 AI 반도체 개발 중. 커넥티드카, 스마트시티 등 다양한 분야에 적용할 수 있는 엣지 디바이스용 AI 반도체를 자체 개발.
캠브리콘 테크놀러지	주목 받는 중국 AI 반도체 업체로 중국 국유 펀드, 알리바바 등으로부터 대규모 투자를 유치해 AI 반도체 기술을 고도화하고 유니콘 기업으로 성장. 자체 개발한 AI 반도체를 선보이고 스마트 폰, 웨어러블 기기 등에 탑재할 수 있는 AI 반도체를 상용화.
마이크로소프트	딥러닝 기술에 특화 한 AI 전용칩 출시.
페이스북	2019년 자체 반도체 칩 개발팀 구성.
삼성전자	Exynos 시리즈 개발, R&D 인력 증원.
애플	A11 바이오닉 AI프로세서를 음성 및 안면인식 서비스에 적용.
구글	자체 NPU팀이 2016년부터 텐서프로세싱 유닛 개발, 검색 및 이메일에 활용.
바이두	자체 NPU팀 장착 컨룬 인공지능 반도체를 삼성파운드리에서 양산.

자료: 전자신문 2020. 06, 언론보도 인용

〈그림 34〉는 AI 반도체의 수요 시장이다. 스마트 폰에 탑재되는 반도체가 가장 많을 것으로 예상된다. 스마트 폰은 우리의 일상에서 가장 많이 쓰이는 디바이스이기 때문이다. 2020년보다 2024년에 더 많은 AI 반도체가 다양한 디바이스에 탑재되는 것을 볼 수 있다.

〈그림 34〉 AI 반도체 시장

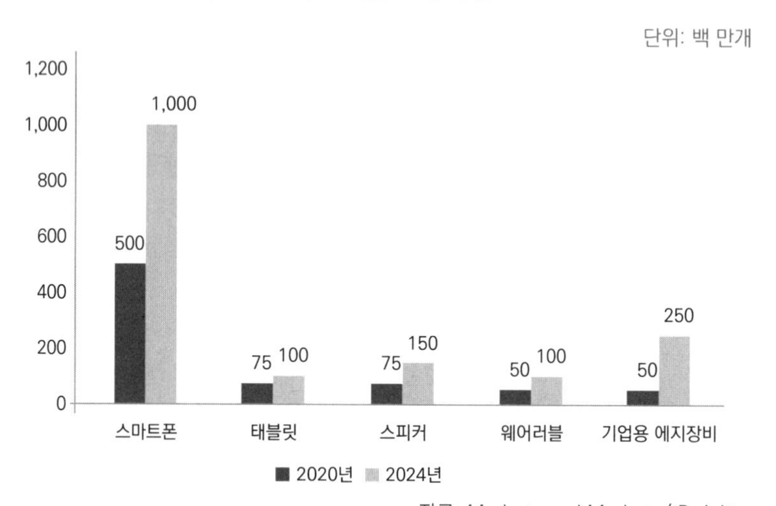

자료: Markets and Markets/ Deloitte

AI는 각 국가별로 사활을 걸고 있는 핵심분야다. AI에 국가의 미래가 달려있다고 해도 과언이 아닐 정도다. 따라서 앞으로 AI 분야는 모든 국가가 국가 주도로 지원을 할 수밖에 없는 분야이기 때문에 AI 반도체의 수요도 크게 증가할 수밖에 없다. 결과적으로 어느 국가의 기업들이 보다 성능이 우수한 AI 반도체를 시장에 내놓을 수 있느냐에 따라 그 국가뿐만 아니라 기업들의 미래가 달려있다고 할 수 있다.

제8장
반도체 비즈니스에 대한 최근 이슈

1. 중국의 반도체 기업들의 수준은 어디까지 왔나?

2. 앞으로 TSMC와 삼성파운드리의 경쟁은 어떻게 될까?

3. 지금 인텔의 위기는 어떻게 극복할 수 있을 것인가?

제8장
반도체 비즈니스에 대한 최근 이슈

지금까지 살펴본 바와 같이 반도체 비즈니스는 그 형태가 다양하다. 물론 앞으로도 새로운 비즈니스가 생겨날 수 있을 것이다. 최근 코로나19 사태로 인해 대부분의 비즈니스가 침체를 겪고 있지만 앞으로 반도체 비즈니스는 코로나19로 그리 큰 영향을 받지는 않을 것으로 보인다. 비대면이 더욱 확산되더라도 각종 디바이스의 수요가 증가하기 때문에 반도체 수요는 그리 줄지 않을 것으로 보이기 때문이다.

본 장에서는 최근 반도체 비즈니스에서 이슈가 되고 있는 사항에 대해 알아보도록 한다. 먼저 반도체 비즈니스에서 최근 가장 이슈가 되고 있는 사항은 중국 반도체 기업들이 한국 반도체 기업들을 따라잡고 있다고 하는데 지금 그들이 어느 정도 수준에 도달해 있는지에 대한 것이다. 이에 대해 보다 체계적으로 알아보기 위해 반도체 기업들을 메모리반도체 기업, 팹리스 기업, 파운드리 기업, OSAT 기업으로 나누어서 알아보도록 한다. 다음은 최근 삼성반도체가 파운드리 사업을 확장하고 있는데 과연 삼성파운드리가 TSMC를 어느 정도 따라잡을 수 있을 것인가 하는 이슈다. 마지막으로 최근 인텔의 위상이 예전과 같지 않은 상황이어서 앞으로 인텔이 어떤 식으로 이 위기를 헤쳐 나아갈 수 있을지에 대한 문제다.

1. 중국의 반도체 기업들의 수준은 어디까지 왔나?

중국은 반도체 굴기의 정책에 따라 정부 주도로 2025년까지 자국의 반도체 자급률을 70%까지 끌어올리겠다는 계획을 세우고 있다. 이로 인해 중국 반도체 기업들의 성장 속도가 매우 빠르기 때문에 한국 반도체 기업들에 큰 위협이 되고 있다. 따라서 최근 중국 반도체 기업들에 대한 많은 기사가 쏟아지고 있는 실정이다. 하지만 나는 반도체 기업들의 비즈니스 형태가 매우 상이하기 때문에 단지 중국 반도체 기업들과 한국 반도체 기업들을 일반화하여 비교하는 것은 정확하지 않다고 생각한다. 반도체 기업들은 IDM 기업, 팹리스 기업, 파운드리 기업 그리고 OSAT 기업과 같이 매우 다양하기 때문이다. 따라서 전술한 기업들의 형태로 나누어서 알아보는 것이 더욱 정확하다고 할 수 있다(물론 그 밖의 IP, EDA, 디자인 하우스, 반도체 소재, 반도체 부품, 반도체 장비 기업 그리고 반도체 상사 등 반도체 관련 기업들이 많이 있지만, 순수 반도체 기업들을 대상으로 비교하도록 한다).

첫 번째로 IDM 기업을 알아보도록 한다. 최근 메모리반도체 기업들이 IDM으로 남아있는 경우가 대부분이기 때문에 메모리반도체 기업들을 살펴보도록 한다.

〈표 89〉는 중국 메모리반도체 기업들의 최근 동향이다. 메모리반도체 기업은 대표적으로 아래 3개의 기업들이 있다. 최근 언론에 발표되었듯이 칭화유니그룹의 자회사인 YMTC는 D램 사업 등의 확장에 따라 자금난이 발생해 채무불이행(Default)을 선언하였다. 13억 위안(약 2,206억 원)의 채권을 갚지 못해 부도를 맞게 되었다는 내용이다. 따라서 앞으로의 정상적

인 사업이 불투명해지게 되었지만, YMTC는 국영기업이고 중국의 자존심이 걸려있는 기업이기 때문에 어떻게 해서든 살리려고 할 것이 분명하다. CXMT도 국영기업으로 2020년 상반기에 중국기업 중 처음 D램 판매를 시작하였지만, 최근 마이크론의 특허침해로 사업에 대한 차질이 불가피하게 되었다. 하지만 다시 사업을 시도할 것으로 보인다.

JHICC는 D램 개발을 진행하였지만, 마이크론의 기술탈취 혐의로 2018년 캘리포니아주 법원에 제소되었다. 이로 인해 JHICC는 D램 사업을 포기하게 되었으나 최근 다시 시도를 하고 있다.

〈표 89〉 중국 메모리반도체 기업들의 최근 동향

구분	투자규모	사업분야	최근 동향
YMTC(양쯔메모리)	약 27조 원	낸드플래시	2020년까지 128단 3D낸드에 대한 고객사 검증통과를 추진하려 하였으나 현재 디폴트 상태
CXMT(창신메모리)	약 37조 원	DDR4, LPDDR4 D램	제품양산 및 판매시도 예상
JHICC(푸젠진화)	약 7조 원	D램	2019년 D램 개발포기 후 최근 재시도

자료: Tech Issue 자료 편집

〈그림 35〉는 최근 국가별 메모리반도체에 대한 시장점유율이다. 한국이 삼성반도체와 SK하이닉스에 힘입어 64%를 점유하고 있으나 중국의 시장점유율은 아직까지 전무한 실정이다. 지금까지 중국 정부가 메모리반

도체 사업에 엄청난 자금을 쏟아부어 한국 메모리반도체 기업들도 한때 긴장을 하기도 했다. 이를 보면 반도체 사업은 자금만으로 성공할 수 없다는 것을 보여주고 있다. 하지만 중국은 절대 포기하지 않고 앞으로도 계속해서 메모리반도체 사업을 키우려 할 것이기 때문에 어떻게 될지는 좀 더 두고 보아야 할 것이다.

〈그림 35〉 최근 국가별 메모리반도체의 시장점유율

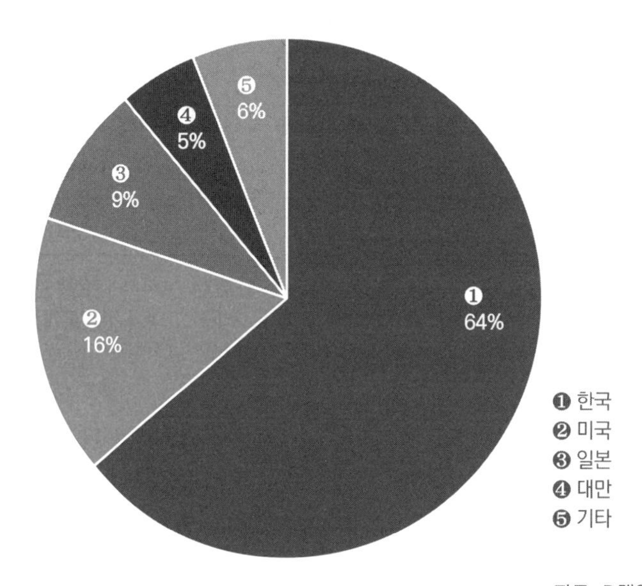

자료: D램익스체인지

지금까지 메모리반도체 분야에 대해 살펴본 결과를 보면 한국은 메모리반도체 분야에서 막강한 영향력을 보이는 반면, 중국 메모리반도체 기업들의 영향력은 아직 미미하다고 볼 수 있다. 따라서 당분간 중국 메모리반도체 기업들이 한국 메모리반도체 기업들을 따라잡기는 어려워 보인다.

두 번째로 팹리스 기업에 대해 알아보도록 한다. 팹리스 기업은 파운드리 기업의 비즈니스가 안정되기 시작할 무렵인 1990년대 초부터 미국을 중심으로 많이 생기기 시작하였다. 그리고 팹리스 기업은 굳이 제조의 부담을 갖지 않고 적은 자본으로 시작할 수 있다는 장점이 있다.

〈표 90〉은 중국 팹리스 기업 수다. 매년 숫자가 증가하고 있으며 2019년 말 기준으로 1,780개에 이르고 있다. 나아가 이 숫자는 더 증가할 전망이다. 중국 팹리스 기업들이 성장하게 된 배경에는 정부로부터 다양한 지원을 받게 된 이유도 있다. 반면 현재 한국의 팹리스 기업 수는 대략 100개가 채 되지 않는 것으로 알려져 있다. 그리고 가트너의 조사 결과에 따르면 전 세계 팹리스 기업의 순위 30위 내에 중국은 4위인 하이실리콘을 포함한 7개 기업이 속해 있지만, 한국은 Silicon Woks 밖에 없다. 향후 중국 팹리스 기업들의 매출 비중은 계속해서 커질 것으로 보이는데 그 이유는 중국 팹리스 기업들의 성장률이 19.1%로 글로벌 전체 팹리스 시장 성장률 -1.0% 보다 가파르게 성장하고 있기 때문이다.[30)]

한국반도체산업협회의 조사 결과에 따르면 국내 상위 26개 팹리스 기업들의 2019년 영업이익은 과반수가 적자인 것으로 나타났다. 아울러 나는 몇 년 전 국내의 많은 팹리스 기업의 임원들을 인터뷰한 적이 있다. 이를 통해 중국 시장에 진출한 국내 팹리스 기업의 경우 가격에서 중국 팹리스 기업들 때문에 고전을 면치 못하고 있다는 얘기를 많이 들은 적이 있다.

---

30) 김영건·류영호·차유미, "중국 반도체 간절함과 성장성에 대한 투자", 미래에셋대우 Global Industry Report, 2020년 8월 27일, 10p

〈표 90〉 중국의 팹리스 기업 수

	2010년	2015년	2016년	2018년	2019년
개수	582	736	1,362	1,698	1,780

자료: 중국반도체산업협회 자료를 편집

〈표 91〉은 2019년 전 세계 팹리스 기업의 점유율이다. 한국은 1%고 중국은 15%를 점유하고 있다. 2020년 중국 팹리스 기업들의 점유율은 더욱 증가하였다. 현재 한국의 시스템반도체에 대한 시장점유율은 3.2% 정도지만 삼성반도체와 SK하이닉스의 시스템반도체 매출을 뺀 팹리스 기업들의 점유율은 1%밖에 되지 않는다. 이처럼 한국의 팹리스 비즈니스 환경은 매우 열악하다는 것을 알 수 있다.

〈표 91〉 2019년 전 세계 팹리스 기업의 점유율

국가	미국	한국	일본	유럽	대만	중국
비율	65%	1%	1%	2%	17%	15%

자료: IC Insights

지금까지 상황을 종합해서 보면 한국의 팹리스 기업들의 상황이 중국의 팹리스 기업들에 비해 매우 열위에 있는 것을 알 수 있다. 이에 따라 팹리스 분야에서는 중국이 한국을 이미 넘어서고 있다는 것을 알 수 있다.

세 번째로 파운드리 기업들에 대해 알아보도록 한다. 파운드리 기업은 팹리스나 IDM 기업으로부터 위탁을 받아 생산하는 기업이다. 트렌드포스의 조사결과에 따르면 2020년 파운드리 시장은 80,375 백만 달러에 이르며 앞으로도 매년 큰 폭으로 증가할 것으로 예상된다.

파운드리 기업의 경쟁력은 주로 얼마나 우수한 기술력을 가지고 안정적으로 고객이 요구하는 제품을 생산할 수 있느냐에 성패가 달려있다. 최근 중국의 파운드리 기업들도 팹리스 기업들의 발전에 따라 서서히 성장하고 있다. 먼저 중국의 대표적 파운드리 기업은 SMIC가 있다. SMIC는 중국 최대의 파운드리 기업으로 전 세계 순위에서 5위를 기록하고 있다. 그동안 중국 정부의 전폭적인 지원으로 SMIC는 큰 폭으로 성장을 해오고 있지만 아직까지 14nm 공정이 최고의 기술이다. 따라서 TSMC 그리고 삼성반도체와 비교해 3-4년 정도 기술격차가 발생하고 있다. 최근 SMIC는 상하이 주식시장에 상장하면서 많은 자금을 확보하여 첨단 공정 기술 개발에 노력을 기울이고 있다. 하지만 미국의 제재가 본격화됨에 따라 SMIC의 성장 속도는 다소 둔화될 것으로 전망된다.

다음은 화홍반도체(Huahong Semiconductor)가 있다. 주요 생산 품목은 전력반도체와 사물인터넷용 반도체다. 이런 제품은 첨단 공정이 그리 필요하지 않은 관계로 65nm 공정까지만 생산이 가능하지만, 조만간 45nm 공정에 돌입할 예정이다. 현재 이 회사는 파운드리 전 세계 순위에서 9위로 기록되어 있다. 이외에도 중국에는 다른 파운드리 기업들이 있지만, 시장점유율은 아직 미미한 수준이다.

〈표 92〉는 2020년 국가별 파운드리의 시장점유율이다. 표를 보면 한국

은 17%, 중국은 6%다. 비록 팹리스 기업들은 중국이 한국보다 앞서있지만 파운드리 기업들은 한국이 앞서있는 것을 볼 수 있다. 특히 한국은 삼성파운드리가 2020년 말부터 5nm 공정에 대해 이미 양산을 시작하였고 2022년부터는 3nm 공정에 진입할 예정이다. 반면 SMIC는 아직 14nm 공정에 머물고 있어 한국이 시장점유율뿐만 아니라 공정기술에서도 앞서고 있다. 현재 미국에서 SMIC에 대한 제재를 가하는 상황이기 때문에 10nm 이하 공정에 들어가기도 쉽지 않은 상황이다. EUV 장비를 수입해야만 7nm 공정에 들어갈 수 있기 때문이다. 따라서 한국이 파운드리 시장에서는 중국보다 앞서 있다는 평가를 내릴 수 있다. 앞으로도 상당 기간 동안 중국 파운드리 기업들이 삼성파운드리를 따라오기는 어려운 상황으로 보인다.

〈표 92〉 2020년 국가별 파운드리의 시장점유율

국가	대만	한국	미국	중국	기타
비율	65%	17%	7%	6%	5%
기업	TSMC: 55% UMC: 7% PSMC: 2% VIS: 1%	삼성전자: 16% SK Hynix system ic & DB Hitek: 1%	Global Foundries: 7%	SMIC: 4% HuaHong: 1% 기타: 1%	TowerJazz 등

자료: 트렌드포스 자료 편집

네 번째로 OSAT 기업들에 대해 알아보도록 한다. OSAT는 반도체 패키징과 테스트를 진행하는 후공정의 과정이다. OSAT도 반도체 제조에서 반드시 필요한 과정이다.

〈그림 36〉은 국가별 OSAT 매출점유율이다. 그림을 보면 중국은 19%를 차지하고 있는 반면 한국은 3%밖에 점유하고 있지 못하다. 중국은 최근 10년간 파운드리 산업이 급속하게 발전하게 됨에 따라 OSAT 기업들도 함께 성장할 수 있었다. 뿐만 아니라 많은 외국 반도체기업들이 중국에 공장을 설립하게 된 것도 OSAT 기업들이 성장할 수 있는 배경이 되었다. 하지만 한국은 과거 삼성반도체가 자체적으로 패키징과 테스트를 하는 경우가 많았을 뿐만 아니라 최근에 이르러서야 비로소 파운드리 산업의 생태계가 조금씩 발전되고 있기 때문에 국내 OSAT 기업들이 성장하는 데 어려움이 있었다. 더욱이 국내의 대규모 외국 OSAT 기업들과의 경쟁 때문에 존재감을 발휘하기 힘들기도 하였다.

세계 OSAT 시장에서 10위내 중국 기업들을 보면 JCET, TSHT(Tianshui Huatian Technology)와 TFME(Tongfu Microelectronics) 등과 같은 기업들이 있다. 최근 이 기업들은 중국 내에서의 스마트 폰, AI 반도체 및 웨어러블 등의 분야에서 수요가 증가하여 빠른 속도로 성장하고 있다. 그리고 대표적인 한국 OSAT 기업들은 SFA반도체, 하나마이크론과 네패스 등이 있다. 이 기업들은 전 세계 순위 20위 내에 속해있는 기업들이지만, 중국기업들에 비하면 존재감은 아직 미약하다. 현재 ASE, 앰코테크놀로지(원래 한국기업으로 출발하였으나 지금은 미국기업이다) 그리고 JCET와 같은 외국 OSAT 기업들이 한국에 공장을 모두 보유하면서 삼성반도체와 SK하이닉스라는 거대기업들을 지원하고 있으며 한국 시장은 규모 면에서 상당히 크다고 말할 수 있다. 하지만 문제는 한국 OSAT 시장을 국내기업들이 아닌 외국기업들이 더 많은 시장을 점유하고 있다는 것이다.

〈그림 36〉 국가별 OSAT의 매출점유율

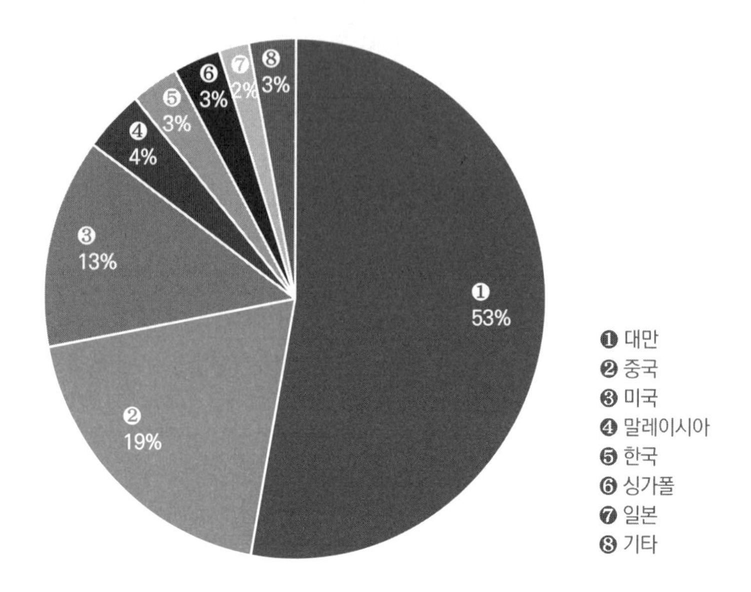

자료: Yole Development의 자료를 편집

지금까지 살펴본 바와 같이 OSAT 시장에서는 한국 기업들보다 중국 기업들이 앞서 있는 것을 알 수 있다. 현재 삼성파운드리가 크게 성장하면서 국내 파운드리 생태계를 조성하고 있기 때문에 국내 OSAT 기업들도 앞으로 어느 정도 혜택을 볼 수 있을 것으로 보인다.

지금까지 각 형태별 반도체 기업별로 한국과 중국을 비교해 보았다. 그 비교 결과를 보면 아래의 〈표 93〉과 같다.

〈표 93〉 한국과 중국 반도체기업들의 각 형태별 비교

기업형태	IDM 기업	팹리스 기업	파운드리 기업	OSAT 기업
비교결과	한국이 크게 우위	중국이 크게 우위	한국이 우위	중국이 우위

자료: 저자 작성

2. 앞으로 TSMC와 삼성파운드리의 경쟁은 어떻게 될까?

앞으로 삼성파운드리와 TSMC의 미세화 경쟁이 더욱 가속화될 것으로 예상된다. 삼성파운드리는 이미 TSMC를 따라잡고 1위에 오른다는 비전을 선포하였기 때문에 TSMC보다 미세화 공정을 더 빠르게 진행하려 할 것이고 TSMC도 이에 뒤지지 않기 위해 더욱 미세화 공정을 빠르게 진행하려 노력할 것이다. 따라서 앞으로도 양사는 새로운 시장을 선점하기 위해 경쟁적으로 미세공정에 대한 투자를 지속해서 진행해 나아갈 것으로 예상된다. 이런 미세화 공정을 어느 기업이 더 빠르게 진행하느냐에 따라 거대고객의 확보 여부가 결정되기 때문이다. 앞서 얘기한대로 미세화를 진행하면 할수록 전력 소비, 크기, 성능에 대한 이점을 얻을 수 있다. 이는 경쟁사를 따돌릴 수 있는 가장 중요한 요소라 할 수 있다(어느 보고서에 따르면 5nm 공정의 경우 5억 4,200만 달러가 소요되고 3nm 이하는 10억 달러 이상이 소요될 것으로 예상하고 있다).

〈그림 37〉은 2020년 분기별 TSMC와 삼성파운드리의 시장점유율이다. 과거보다 격차가 줄어들고 있으나 아직까지 양사의 점유율의 격차가 크게 나고 있다. 과거 삼성파운드리는 2005년 처음 파운드리 사업을 시작한 이래로 2010년까지는 그리 큰 성과를 보여주지 못하여 시장점유율도 높지 않았다. 하지만 삼성파운드리가 시스템 LSI사업부에서 분리되어 독립하기 시작한 2017년부터 급성장하기 시작하였다. TSMC는 파운드리 사업을 창안한 기업으로서 창업 시점부터 줄곧 1위 자리를 지켜오고 있다.

〈그림 37〉 2020년 분기별 TSMC와 삼성파운드리의 시장점유율

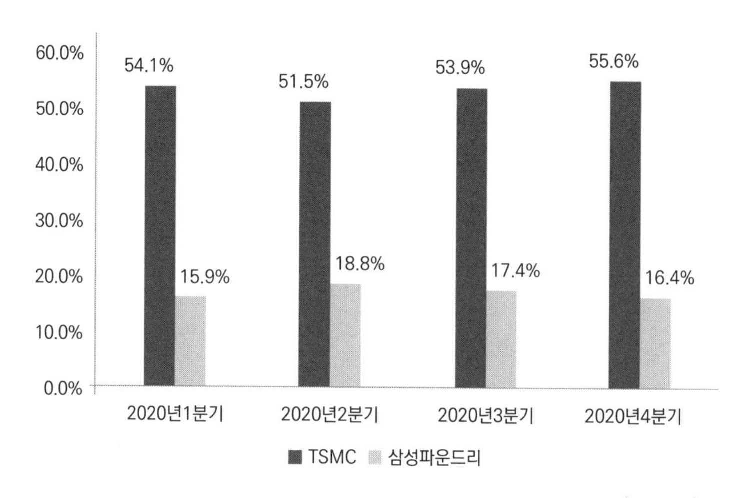

자료: 트렌드포스

〈표 94〉는 TSMC와 삼성파운드리의 미세공정 로드맵이다. 5nm 공정은 양사 모두 양산이 진행 중이지만 TSMC가 삼성파운드리보다 6개월 정도 빠르게 진행되었다. 3nm 공정에 대한 양산은 양사 모두 2022년으로

계획하고 있다. 아울러 2nm 공정은 TSMC가 2024년으로 예상하고 있으며 삼성파운드리는 아직 구체적인 계획은 없으나 TSMC와 비슷한 시기가 될 것으로 보인다. 나아가 3nm 공정에서부터 삼성파운드리는 TSMC를 따라잡으려 하고 있다. 삼성파운드리는 GAA 방식을 도입하는 반면, TSMC는 기존의 FinFET 방식을 그대로 적용할 예정이기 때문이다. 업계에서는 FinFET 방식보다 GAA 방식이 성능이 더 우수한 것으로 알려져 있다(참고로 TSMC는 2nm 공정부터 GAA방식을 도입할 것으로 보인다).

〈표 94〉 TSMC와 삼성파운드리의 미세공정 로드맵

	5nm	4nm	3nm	2nm
TSMC	2020년 상반기	2021년	2022년	2024년 예상
삼성파운드리	2020년 하반기	2021년	2022년	미정

자료: 업계조사

투자는 양사 모두 과감하게 진행하고 있다. TSMC는 미국 애리조나주에 5nm 공정 팹을 2021년에 착공을 시작해 2024년부터 양산을 목표로 하고 있다. 2021년부터 2029년까지 120억 달러를 투자할 예정이다. 이외에도 TSMC는 2020년말 난징에 추가로 팹을 건설한다고 밝히기도 하였다. 삼성파운드리는 5nm 이하 제품을 생산하기 위해 평택에 집중적으로 투자하고 있다. TSMC는 코로나19로 인해 비대면 수요의 증가에 따라 고객들의 주문이 넘치고 있어 물량을 제대로 소화하지 못할 정도의 상황이다. 최근 삼성파운드리도 퀄컴, IBM과 바이두 등 새로운 고객들을 확보하고 있어 앞으로도 시장점유율이 지속해서 상승하게 될 것으로 보인다. 트렌드포스의 조사 결과에 따르면 2021년 말이 되면 TSMC와 삼성파운드리는 5nm 공정에서 각각 60%와 40%의 시장점유율을 가지게 될 것이라고 한다.

〈표 95〉 삼성파운드리와 TSMC의 팩트 비교

기업	삼성파운드리	TSMC
작년 시장점유율	17.4%	53.9%
작년 설비투자액	240억 달러(전체 반도체사업)	170억 달러
주요 고객	삼성 시스템 LSI사업부, 퀄컴, IBM, 바이두, 시스코, 구글 등	애플, 엔비디아, AMD, 퀄컴, 브로드컴, 미디어텍 등
파운드리 사업형태	IDM과 팹리스 사업 병행	순수 파운드리
직원 수	15,000명 정도	51,000명 정도

자료: 업계조사

그럼 지금부터 삼성파운드리와 TSMC에 대해 강점과 약점을 비교해 보도록 한다. 먼저 삼성파운드리에 대해 살펴보도록 한다. 첫 번째 강점으로 삼성파운드리는 오랜 기간 동안 메모리반도체 사업을 진행하여 공정에 대한 다양한 노하우를 쌓을 수 있었다는 점이다. 이를 파운드리 사업에 적용할 수 있다는 장점이 있다. 두 번째 강점은 문제 발생 시에 종합적인 대응 능력이 있다는 점이다. 삼성반도체는 팹리스와 IDM 사업도 오랜 기간 진행하고 있기 때문에 문제를 볼 수 있는 시각이 넓다. 따라서 팹리스 기업에 대한 상황을 잘 알 수 있을 뿐만 아니라 문제해결 능력도 순수 파운드리보다 우수할 수밖에 없다. 세 번째 강점은 고객에 제공하는 가격이

TSMC보다 저렴하다는 점이다. 어느 고객에든 비슷한 서비스를 낮은 가격에 제공할 수 있다면 분명 큰 이점이다. 그리고 삼성파운드리의 약점은 팹리스 사업을 동시에 진행하고 있다는 점이다. 이는 팹리스 고객의 입장에서 자사기술의 유출에 대한 우려로 불안을 느낄 수밖에 없다. 삼성파운드리는 시스템 LSI 사업부로부터 독립하긴 하였지만, 별도의 법인으로 분사하는 것은 아직 고려하고 있지 않은 상황이다.

다음은 TSMC에 대해 살펴보도록 한다. 첫 번째 강점으로 TSMC는 오랜 기간 신뢰를 바탕으로 고객들과 거래를 해온 기업이라는 점이다. 이런 신뢰 관계를 바탕으로 고객의 니즈를 파악해 고객이 성공할 수 있도록 노력해 왔다. 이에 따라 고객들도 비슷한 조건에서 굳이 파운드리를 다른 곳으로 전환하려는 생각을 갖지 않는다. 두 번째 강점은 순수 파운드리라는 점이다. 이 말은 고객과 경쟁하지 않고 오로지 위탁제조만 한다는 말이다.

따라서 TSMC는 오로지 위탁제조에만 집중하여 경쟁력을 키울 수 있으며 고객들은 마음 놓고 자사의 제품을 위탁할 수 있다. 세 번째 강점은 안정된 수율과 노하우를 가지고 있다는 점이다. 실제 TSMC는 삼성파운드리보다 5nm 공정에서 높은 수율을 가지고 있다. 그만큼 파운드리 사업에 대한 노하우가 많다는 얘기다. 그리고 TSMC의 약점은 삼성파운드리보다 가격이 비싸다는 점이다. 이는 고객들이 삼성파운드리로 전환할 수 있는 중요한 이유가 될 수 있다.

〈표 96〉 삼성파운드리와 TSMC의 강약점 비교

기업	삼성파운드리		TSMC	
강점과 약점	강점	약점	강점	약점
내용	1. 오랜 기간의 메모리 반도체사업을 통한 공정 노하우 2. 문제발생시 종합적인 해결능력 3. TSMC보다 저렴한 가격(20-30% 저렴)	팹리스 사업 병행	1. 팹리스 기업들과 오래된 신뢰관계 2. 순수파운드리 3. 안정된 수율과 노하우	삼성파운드리보다 비싼 가격

자료: 저자 작성

다음은 삼성파운드리와 TSMC를 둘러싼 외부상황의 기회요인과 위협요인들에 대해 알아보도록 한다. 먼저 삼성파운드리의 기회요인을 살펴보도록 한다. 첫째, 현재 파운드리 사업은 5G와 코로나19로 인한 비대면 활성화로 반도체 수요가 폭발적으로 증가하고 있다는 점이다. 특히 10nm 이하 공정은 삼성파운드리와 TSMC 밖에 운영하지 않고 있기 때문에 넘쳐나는 수요를 감당하기 어려울 정도다. 앞으로도 10nm 이하 공정에 대한 수요는 지속해서 성장할 수밖에 없는 상황이며 나아가 많은 수요를 삼성파운드리가 과점해 나아갈 것으로 보인다.

둘째, 고객들의 삼성파운드리에 대한 인식이 조금씩 변화하고 있다는 점이다. 과거 삼성파운드리는 중소 팹리스 기업들이 이용하기 어려운 파운드리 중 하나였다. 한마디로 말하면 삼성파운드리는 중소 팹리스 기업들에 대해 별로 관심이 없었다. 그리고 외국의 대형 팹리스 기업들도 삼성파운드리에 대한 기대가 그리 크지 않았다. TSMC와 비교하여 기술력 차이가 크게 날뿐만 아니라 삼성파운드리에 생산을 맡길 경우 자신들의 설계자산을 뺏길지도 모른다는 불안감 때문이다. 하지만 삼성파운드리가 분리된 후 파운드리 사업을 적극적으로 키우면서 상황이 달라지기 시작하였다. 특히 최근 삼성파운드리는 SAFE 포럼을 정기적으로 열고 있으며 고객들에 종합서비스능력을 키우기 위해 파운드리 생태계를 만들어 가고 있다. 특히 삼성파운드리는 고객들과 경쟁하지 않는다는 내용에 대해 포럼을 통해 지속적으로 알리면서 고객들도 조금씩 인식을 바꾸기 시작하였다. 나아가 지금은 삼성파운드리의 미세공정 기술이 TSMC와 거의 대등한 위치에 올라서면서 고객들로부터 많은 기대를 받는 상황이다.

삼성파운드리의 위협요인에 대해 알아보도록 한다. 첫째, 삼성파운드리가 EUV 장비를 ASML로부터 차질 없이 지속해서 들여올 수 있을지 현재로서는 불확실하다는 점이다. 현재 ASML을 제외하면 EUV 장비를 생산할 수 있는 기업은 없고 ASML도 한 해 생산할 수 있는 EUV 장비는 40여 대 정도밖에 되지 않는다. 그리고 TSMC는 ASML에 40대 정도의 EUV 장비를 이미 주문한 것으로 알려져 있으며 TSMC가 이 물량을 제때 다 받을 수 있을지도 확실히 장담할 수 없다. 2020년 삼성전자의 이재용 부회장이 EUV 장비를 확보하기 위해 ASML을 방문하기도 하였다.

현재 각 사의 EUV 장비대수는 〈표 97〉과 같다. 결과적으로 삼성파운드리가 TSMC를 따라잡기 위해서는 EUV 장비를 적절한 시점에 필요한 만큼 도입할 수 있느냐가 가장 중요한 변수다.

〈표 97〉 삼성파운드리와 TSMC의 EUV 장비대수

연도	2020년		2021년	
기업	삼성파운드리	TSMC	삼성파운드리	TSMC
대수	18	40	28	60

자료: 유안타증권 리서치센터

둘째, 삼성반도체는 파운드리 사업 말고도 팹리스와 IDM 사업을 병행하고 있기 때문에 역량을 파운드리에만 다 쏟아부을 수 없는 한계가 있는 점이다. 현재 메모리반도체 분야에서는 SK하이닉스와 경쟁하고 있으며 이미지센서는 1위인 소니를 따라잡아야 한다. 나아가 AP도 퀄컴을 바짝 뒤쫓고 있을 뿐만 아니라 미래에 유망한 AI 반도체도 시장을 선점해야만 한다. 더욱이 반도체에 대한 소프트웨어의 중요성이 커지고 있지만, 삼성반도체는 소프트웨어 역량(최근 반도체에서 소프트웨어 역량이 더욱 중요해지고 있다)이 하드웨어 역량보다 크게 부족한 편이어서 이 분야도 강화해야만 한다. 뿐만 아니라 삼성전자 전체로 보면 스마트 폰, 가전, OLED 등에서도 경쟁이 치열한 상황이기 때문에 역량을 파운드리 분야에만 집중하기가 쉽지 않을 것이다.

셋째, 인재확보가 어렵다는 점이다. 우리나라에는 파운드리 기업들이 많지 않기 때문에 파운드리 인력을 구하기가 만만하지 않다는 것이다. 특히 나는 몇 년 전 헤드헌터로 근무할 당시 파운드리 기업들은 반드시 파운드리에 대한 경험이 있는 인재를 찾는 경우가 대부분이었다. 따라서 TSMC를 따라잡기 위해 충분한 인력충원을 해야만 하지만 시장에 마땅한 인재가 많지 않다는 점이다. 삼성파운드리에서 끌어들일 수 있는 인력은 주로 TSMC나 타워재즈, UMC 등의 국내 지사에 있는 인력들이지만 그 인력들이 얼마 되지 않는다. 그렇다면 DB하이텍이나 SK하이닉스 시스템아이씨(매각된 마그나칩 파운드리 인력 포함) 정도인데 이 기업들은 공정의 미세화 수준이 삼성파운드리와 비교해 상당한 차이를 보인다. 결과적으로 필요한 인재를 적절한 시점에 얼마나 많이 확보할 수 있는지가 삼성파운드리 사업의 성공을 결정할 수 있는 중요한 변수라고 할 수 있다.

다음은 TSMC의 기회 요인에 대해 알아보도록 한다. 첫째, 삼성파운드리와 마찬가지로 최근 10nm 이하 공정의 파운드리 수요가 급증하고 있어 TSMC가 가장 큰 수혜를 볼 수 있을 것으로 예상된다는 점이다.

둘째, 미국 정부가 TSMC에 대한 우호적 태도를 가지고 있다는 점이다. 최근 미·중 무역전쟁으로 TSMC는 화웨이를 포기하고 미국 편에 서기로 결정하였다. 뿐만 아니라 TSMC는 애리조나에 5nm 공정의 팹을 설립하기로 하여 미국 정부의 기대에 부응하고 있다. 그리고 미국 정부는 TSMC를 밀어주기 위해 자국의 팹리스 기업들로 하여금 TSMC의 팹을 사용할 수 있도록 압력을 넣을 소지가 충분하다. 특히 미국 정부는 중국에 대한 견제를 위해 대만이 절대적으로 필요한 상태다. 따라서 미국 정부는 대만과 TSMC를 적극적으로 지원할 수밖에 없는 실정이다.

셋째, ASML과 우호적 관계를 구축하고 있다는 점이다. 앞서 얘기했듯이 7nm 이하 공정을 진행하기 위해서는 ASML의 지원이 절대적이다. TSMC는 오랜 기간 동안 ASML과 파트너 관계를 유지해 오고 있다. 특히

TSMC는 ASML이 EUV 장비를 개발하기 시작한 시점부터 관여해 온 것으로 알려져 있다. 그리고 ASML의 입장에서 TSMC는 이미 EUV 장비로 제품을 양산하는 데 거의 문제가 없는 수준까지 올라와 있기 때문에 장비를 팔더라도 서비스 시간을 절약할 수 있다. 반면 삼성파운드리는 EUV 장비로 양산을 원활하게 진행하기 위해서는 아직 부족한 점이 많기 때문에 이에 대한 서비스 시간이 더 많이 들어간다. 당연히 ASML은 삼성파운드리보다 TSMC 쪽이 판매할 수 있는 EUV 장비도 많을 뿐만 아니라 서비스 시간도 많이 들지 않기 때문에 TSMC 쪽으로 장비를 몰아줄 가능성이 크다.

TSMC의 위협요인에 대해서 살펴보도록 한다. TSMC는 최근 인재유출 때문에 어려움을 겪고 있다는 점이다. 이를 방지하기 위해 TSMC는 2021년부터 대만의 모든 직원에 대해 기본급을 20% 정도 올리기로 발표하였다. 이런 배경에는 TSMC의 연봉 수준이 그리 높지 않아 많은 직원들이 중국기업으로 빠져나가게 된 이유가 있다. 최근 중국 반도체 기업들이 급성장하면서 TSMC의 인력들은 중국기업들에 가장 필요한 인재들이다. 중국기업들은 TSMC가 제공하는 조건보다 훨씬 좋은 조건으로 직원들을 유혹하고 있다. 따라서 TSMC가 지속적인 성공을 유지해 나아가기 위해서는 인재가 유출되지 않도록 많은 신경을 써야만 할 것이다.

〈표 98〉 삼성파운드리와 TSMC의 기회와 위협요인

기업	삼성파운드리		TSMC	
기회와 위협요인	기회요인	위협요인	기회요인	위협요인
내용	1. 5G와 비대면 수요 증가 2. 삼성파운드리에 대한 고객들의 인식변화(기술력과 SAFE 등)	1. EUV 장비도입 대수의 한계 2. 많은 다른 사업들로 인해 파운드리 사업에만 집중하기 어려움 3. 인재확보의 어려움	1. 5G와 비대면 수요 증가 2. 미국 정부의 TSMC에 대한 우호적 태도 3. ASML과의 우호적 관계	중국기업으로의 인재유출 (연봉 20% 향상)

자료: 저자 작성

지금까지 삼성파운드리와 TSMC에 대해서 다양한 측면에서 분석해 보았다. 그럼 지금까지의 상황을 종합해서 결론을 내리면 다음과 같다.

앞으로 어느 기업이 먼저 기술력에서 더욱 앞서 나아갈 수 있느냐가 가장 중요한 관건이 될 것이다. 따라서 첫째, 앞으로 어느 기업이 3nm 경쟁에서 우수한 기술을 가지고 빠른 시간 내에 더 나은 조건으로 고객들에 제시할 수 있느냐가 관건이 될 것이다. 둘째, EUV 장비를 어느 기업이 양산 일정대로 안정적으로 도입할 수 있느냐가 다음 관건이 될 것이다(이는 TSMC가 더 유리한 조건에 있다).

한편 앞으로 TSMC가 삼성파운드리보다 기술적으로 더 앞선 제품을 고객들에 제공한다고 할지라도 그 차이가 크지 않을 것이고 삼성파운드리는 가격적 이점이 있기 때문에 고객들도 삼성파운드리를 포기하지는 않으려 할 것이다. 그리고 고객들도 이번 코로나19 사태로 인해 한 기업에만 의존할 경우 제품수급에 차질이 생길 수 있다는 사실을 깨달았기 때문에 적지 않은 고객들이 양사를 모두 가져갈 것으로 보인다. 특히 한 개의 공급자보다는 두 개의 공급자를 가져갈 수 있을 때 경쟁을 시킬 수 있어 가격적인 이점이 있다는 점을 고객들이 알고 있기 때문에 양사를 모두 가져가려 할 것이다. 뿐만 아니라 앞으로 10nm 이하 공정의 수요는 더욱 늘어날 것이 뻔하기 때문에 생산능력(Capacity)을 늘린다고 하더라도 TSMC만으로는 그 수요를 감당하기 어렵다는 점이 있다. 따라서 어쩔 수 없이 적지 않은 고객들은 삼성파운드리에 생산을 맡기게 될 수밖에 없다.

이에 따라 앞으로 7nm 이하의 시장은 양사가 양분할 것으로 보이며 TSMC가 삼성파운드리보다 여러 면에서 유리한 조건에 있기 때문에 상당기간 동안 시장을 더 많이 가져갈 수 있을 것으로 보인다.

마지막으로 삼성파운드리가 이미 계획한 대로 2030년에 TSMC를 따라잡기 위해서는 결국 TSMC보다 훨씬 기술적 우위를 고객들에게 보여줄 수 있어야만 한다. 이 조건이 불가능하다면 절대 삼성파운드리는 TSMC를 따라잡기 힘들 것이다.

3. 지금 인텔의 위기는 어떻게 극복할 수 있을 것인가?

인텔은 장기간 CPU에서 독점적 지위를 영위하면서 PC 시장에서 막강한 영향력을 발휘해 왔다. 인텔은 무어의 법칙에 따라 매년 CPU의 성능을 크게 향상시킴으로써 반도체 시장에서 1위의 지위를 오랜 기간 동안 지속해 올 수 있었다. 하지만 약 7년 전 브라이언 크르자니크(Brian Matthew Krzanich)의 CEO 취임 후에 인텔에도 좋지 않은 변화의 바람이 불기 시작하였다. 그는 인텔의 CEO에 취임한 후 CPU는 이미 시장에서 독보적 지위를 유지하고 있을 뿐만 아니라 앞으로 시장이 지속해서 축소될 것이라는 생각을 가지게 되었다. 따라서 그는 CPU보다는 다른 4차 산업과 관련된 새로운 분야에 더욱 신경을 쓰고 이 분야에 투자하면서 자사의 핵심역량에 대해 소홀하게 여기게 된 것이다. 물론 이런 결정이 반드시 틀린 결정이라 할 수는 없지만, 본업에 충실하지 못해 위기를 맞게 된 것은 그의 과오임에는 틀림이 없다. 결국 그는 2016년 CPU와 관련된 공정과 아키텍처 등의 엔지니어 10% 이상에 해당하는 인원들을 해고하기에 이르게 된다. 특히 그는 자신의 자리를 지키기 위해 단기실적에만 지나치게 연연해 기업의 장기적인 비전을 갖지 못한 채 단기적으로 실적이 나오지 않는 분야는 과감하게 정리하게 된다. 그는 CPU와 관련된 엔지니어들을 소홀하게 대하기 시작하였고 이때 우수한 엔지니어들이 인텔을 떠나게 되면서 인텔의 CPU에 대한 경쟁력도 서서히 저하되기 시작하였다. 더욱이 이때 떠난 엔지니어들이 경쟁사로 이직을 하면서 경쟁사들의 기술력이 높아지게 되는 결과를 초래하게 된다. 이때부터 인텔의 CPU 사업에 대한 혁신동력은 점점 힘을 잃어가면서 위기의 조짐이 나타나기 시작하였다. 그렇다고 CPU 이외의 새로운 사업들이 성과를 보이는 것도 아니다.

그나마 모빌아이(Mobileye)를 인수함으로써 자율주행 분야에서 경쟁력을 갖춘 것과 FPGA 기업인 알테라(Altera)를 인수한 것이 성과를 보일 뿐이다. 뿐만 아니라 인텔의 위상이 과거와 다르게 추락하는 조짐이 곳곳에서 나타나고 있다. 애플은 오랜 기간 맥북을 비롯한 다른 컴퓨터에 인텔의 CPU를 사용하였으나 최근 애플이 M1이라는 자사의 칩을 개발하게 되면서 인텔의 CPU를 더는 쓰지 않기로 하였다. 이로써 그간 15년간의 파트너십을 정리하게 된다. 이는 인텔의 CPU가 더 이상 애플에 경쟁력을 유지해주지 못한 결과다. 특히 고객으로서 애플의 상징적 의미는 클 수밖에 없다. 아마존도 데이터센터용 CPU 칩을 인텔의 칩 대신 자체적으로 제작하고 있으며 성능도 인텔보다 우수하다고 밝히고 있다. 구글뿐만 아니라 마이크로소프트도 자체 CPU 칩 제작으로 연쇄 이탈의 조짐을 보인다.

그동안 CPU 시장에서 강고하게 지켜오던 윈텔동맹(지금까지 세계 비즈니스에서 가장 강력한 기술 동맹이었던 MS의 윈도우 운영체제와 인텔 CPU를 의미하는 말)이 깨지기 시작한 것이다. 더욱이 퀄컴은 그동안 스마트 폰 시장에서 오랜 기간 동안 쌓아온 제조사들과의 관계를 활용함으로써 PC용 CPU 시장에 새롭게 등장하였다. 이에 따라 인텔이 그동안 굳건하게 지켜온 x86 생태계가 ARM CPU에 의해 흔들리고 있어 인텔의 위상이 예전과 같지 않다.

아래 〈표 99〉는 주요 반도체 기업들의 시가총액이다. 표를 보면 과거 인텔의 위상이 떨어진 것을 쉽게 알 수 있다. 인텔보다 시가총액이 많은 기업이 TSMC, 삼성전자 그리고 엔비디아와 같이 3개사에 이른다.

〈표 99〉 주요 반도체 기업들의 시가총액

2020년 8월 7일 기준

기업	TSMC	삼성전자	엔비디아	인텔	SK하이닉스
금액	454조 6,319억 원	388조 1,500억 원	330조 2,456억 원	244조 6,384억 원	58조 4,586억 원

자료: SK하이닉스 뉴스룸

인텔은 이미 7nm 공정에 대해 연기를 발표하였다. 이를 발표하자마자 시장은 충격을 받고 인텔의 주가는 곤두박질치게 되었다. 이는 인텔이 그동안 고객과 쌓아온 신뢰를 무너뜨리는 결과를 가져오게 되었으며 앞으로도 인텔의 미래가 불투명하게 되었다는 것을 의미한다. 특히 이미 7nm 공정에 진입한 AMD와 비교되는 상황이었다. 이를 통해 AMD는 인텔의 시장점유율을 서서히 빼앗기 시작하였다. 물론 인텔의 공정에서 트랜지스터 집적도가 높아 다른 기업들의 7nm 공정이 인텔의 10nm 공정과 유사한 성능을 가지고 있더라도 이는 인텔로서 큰 위기가 아닐 수 없다. 인텔은 CPU에서 AMD의 맹추격을 받고 있으며 엔비디아는 인텔의 주요 경쟁자로 부각되고 있다. 최근 인텔은 그동안 확고하게 시장을 장악하고 있었던 데이터센터 시장에서도 시장점유율뿐만 아니라 이익률도 감소하고 있다. 이에 따라 인텔의 미래에 불안이 가중되고 있다.

〈표 100〉은 최근 인텔과 AMD의 CPU 시장점유율 비교다. x86 CPU의 통합 시장점유율을 보면 인텔이 77.6%이고 AMD가 22.4%다. 그동안 AMD는 인텔의 비교 상대가 되지 않았다. 하지만 2014년 리사 수가 AMD의 CEO에 오르면서 2017년부터 라이젠 시리즈를 출시하게 되었다. 그녀는 라이젠의 성능을 지속적으로 높이면서 인텔에 큰 위협을 가하고 있다. 더욱이 AMD가 2020년 말 4세대 라이젠 시리즈를 출시함으로써 고객들로부터 많은 기대를 모으고 있기 때문에 점차적으로 인텔과의 시장점유율 격차가 줄어들 것으로 보인다(실제 성능과 가격 면에서 AMD의 CPU가 더 경쟁력이 있는 것으로 나타나고 있다). 특히 조립 PC 시장에서 AMD의 시장점유율은 50%가 넘는 것으로 알려져 있다. 더욱이 최근 AMD가 자일링스를 인수한 것과 엔비디아가 ARM을 인수한 것은 모두 인텔을 따라잡기 위한 전략이

다. AMD는 자일링스를 인수한 후 인텔의 데이터센터 시장을 집중적으로 공략할 것으로 보인다. 그동안 AMD는 데이터센터 시장에서 인텔에 밀려 별로 힘을 쓰지 못한 상태였다. 하지만 인텔은 알테라를 인수한 후 데이터센터 분야에서 강력한 경쟁력을 갖출 수 있었다.

〈표 100〉 최근 인텔과 AMD의 CPU 시장점유율 비교

	데스크 탑	노트북	서버	전체 x86
인텔	79.9%	79.8%	93.4%	77.6%
AMD	20.1%	20.2%	6.6%	22.4%

자료: AI타임스

최근 로직 시장에서 CPU, GPU, NPU(Neural Processing Unit)와 FPGA 등이 하나로 통합되어 가고 있는 추세다. 모든 기능들이 통합되면 여러 가지 이점들이 많기 때문이다.

이에 따라 AMD, 엔비디아와 인텔 모두 종합적인 서비스 능력을 갖출 수 있도록 준비를 하고 있다. 결과적으로 보면 앞으로 3사는 서로 경쟁체제가 될 수 밖에 없다. 특히 엔비디아가 데이터센터에서 시장을 크게 확대해 나아가는 것도 데이터센터의 매출비중이 높은 인텔에는 큰 부담일 수 밖에 없다. 데이터센터 시장에서 완전히 퇴출될 가능성도 있기 때문이다.

〈표 101〉은 인텔의 공정진행에 대한 과정이다. 표를 보면 14nm 공정에서 5년간 진전을 이루지 못한 상황을 보여주고 있다가 최근에 이르러서야 10nm 공정에 진입하고 있다. 7nm 공정은 빨라야 2022년에 진행할

것으로 예상되며 그 이후가 될 수도 있다. 만약 인텔이 7nm 공정을 자체적으로 해결하지 못한다면 TSMC나 삼성파운드리에 위탁생산을 해야만 한다. 여기에도 인텔의 고민이 있으며 이는 그리 간단한 문제가 아니다. 파운드리에 위탁하여 생산하게 되면 그 동안 자체 팹 뿐만 아니라 투자한 모든 시설과 장비 그리고 인력들도 어떻게 해서든 처리해야만 하기 때문이다. 그리고 지금까지 오랜 기간 동안 쌓아온 제조기술이 무용지물이 될 수 있다는 문제도 있다. 뿐만 아니라 인텔은 그 동안 쌓아온 CPU에 대한 설계의 노하우가 외부에 노출될 수 있다는 점도 고려하고 있을 것이 분명하다.

〈표 101〉 인텔의 공정진행 과정

Tech 프로세스	연도	Micro-architecture Code Name	비고
45nm	2007	Penryn	Tick-Tock
	2008	Nehalem	
32nm	2010	Westmere	
	2011	Sandy Bridge	
22nm	2012	Ivy Bridge	
	2013	Haswell	

14nm	2014	Broadwell	5년간 14nm 진행
	2015	Skylake	
	2016	Kaby Lake	
	2017	Coffee Lake	
	2018	Whiskey Lake	
		Cannon Lake	
		Cacade Lake -SP	
	2019	Comet Lake	
10nm	2019	Ice Lake	
	2020	Tiger Lake	
		Ice Lake-SP	
	2021	Alder Lace	
		Gracemont	
7nm	2022	Meteor Lake	위탁(?)

자료: 유진투자증권

지금 인텔은 큰 위기에 처하게 되어 앞으로 가능성이 큰 사업에 집중하고 경쟁력이 없는 사업은 정리하기 위해 노력을 기울이고 있다. 많은 사업들을 동시에 진행하게 되면 정작 필요한 핵심역량에 자원을 효율적으로 배분할 수 없기 때문이다.

이에 따라 인텔은 최근 대만 미디어텍에 전원관리(PWM) 반도체 사업부인 엔피리온을 매각하기로 하였다. 이미 2020년 말에 SK하이닉스에 옵테인 사업부를 제외한 낸드플래시 사업 부문을 매각하였고 2019년 7월에는

애플에 스마트 폰 모뎀칩 사업을 넘기기도 하였다.[31]

반면 미래 인텔의 성장동력인 자율주행 분야에서는 최근 무빗(Moovit)이라는 모빌리티 서비스 솔루션 기업을 인수하였다.

인텔은 무빗이 모빌리티 분야에 쌓아온 자산에 2017년 인수한 모빌아이의 자율주행 기술을 더해 2030년까지 모빌리티 전문기업으로 성장하겠다는 목표를 세우고 있다. 뿐만 아니라 인텔은 CPU, GPU, FPGA를 포함한 모든 프로세서를 통합한 XPU 전략으로 AI 시장을 공략하며 생태계를 넓혀가고 있다. 이를 위해 인텔은 최근 원 API 전략으로 XPU를 위한 소프트웨어 지원을 통합하였다. 원 API도 오픈소스지만 인텔은 엔비디아의 쿠다를 극복하기 위해 원 API 생태계에 적극적인 지원을 할 것으로 보인다.[32]

어느 기업이나 경영을 하다 보면 반드시 위기가 찾아오기 마련이다. 인텔의 가장 심각한 위기는 1980년대 초반 메모리반도체 비즈니스에서 일본 기업들에 시장을 빼앗긴 때일 것이다. 이에 따라 1985년 메모리반도체 사업을 포기하고 CPU 사업으로 극적인 전환을 함으로써 위기를 극복하였던 전례가 있다. 지금도 CPU 사업은 인텔의 주요 핵심사업이다. 만약 그때 CPU 사업으로 전환하지 않았더라면 지금의 인텔이 존재하지 않을지도 모른다.

---

31) 서민지, "위기감 휩싸인 1위사업자 인텔, 부진사업 정리하고 주력사업에 집중", 아이뉴스24 2020년 11월 24일, (http://www.inews24.com/view/1320240)

32) 임대규, "인텔 CPU+엔비디아 GPU 서버 시스템 공식 바꾼 AWS", AI타임스 2020년 12월 3일, (http://www.aitimes.com/news/articleView.html?idxno=134567)

결론적으로 보면 인텔이 지금의 위기상황을 극복하기 위해 가장 좋은 시나리오는 빠른 기간 내에 7nm 공정의 CPU와 5nm의 CPU도 거의 비슷한 시기에 시장에 내놓게 되는 것이다. 만약 이렇게 될 수 있다면 AMD의 추격을 따돌릴 수 있다.

그렇지 않고 이런 상황이 불가능하다면 파운드리에 위탁하여 생산해서라도 빠른 시일 내 시장에 내놓을 수 있다면 이 또한 그리 나쁜 선택은 아닐 것이다. 이는 비용 절약이라는 이점뿐만 아니라 시기적으로 제품의 출시를 더욱 앞당길 수 있기 때문이다. 지금으로서는 인텔이 최대한 빠른 시간 내 자사 생산을 통해 7nm와 5nm 제품을 시장에 내놓기 위해 많은 시간과 노력을 기울일 것으로 보인다. 하지만 1년 정도가 지나면 제품을 제때 출시할 수 있을지에 대한 윤곽이 드러날 것이기 때문에 만약 그때도 제품출시가 제때에 불가능하다고 보인다면 위탁생산을 할 수밖에 없을 것으로 보인다.

이와는 별개로 앞으로 인텔이 자율주행 분야에서 성과를 내는 동시에 CPU, GPU, FPGA를 포함한 모든 프로세서를 통합한 XPU 전략이 성공적으로 수행될 수 있다면 인텔은 이번 위기를 충분히 이겨낼 수 있을 것이다.

| 에필로그 |

나는 과거 반도체 산업에 10년 정도 종사하고, 반도체 비즈니스에 대해 10년 정도 연구 활동을 진행해 오면서 반도체 비즈니스에 대해 많은 것을 배우게 되었다. 하지만 시중에 반도체 비즈니스와 관련된 책들이 많이 출판되어 있지 않은 이유에서인지는 몰라도 많은 사람들이 반도체 비즈니스에 대해 잘 알지 못하는 것에 대해 아쉬움이 있었다. 평소 반도체 분야를 연구하는 한 사람으로서 무언가 반도체 산업에 의미 있는 역할을 해보고 싶다는 마음을 먹고 있었기 때문에 더욱더 아쉬움이 컸었는지도 모른다. 특히 나는 그동안 반도체 비즈니스와 관련된 논문만을 써왔기 때문에 정작 반도체 업계에 있는 사람들이나 반도체 산업에 관심이 있는 사람들에게 논문이라는 한계로 인해 다가서기가 쉽지 않았다고 생각한다. 물론 논문이 아니라 책으로 반도체 비즈니스에 대해 출판하고 싶은 열망이 있었지만, 그동안 바쁘다는 핑계로 감히 실행으로 옮기지 못하였다. 하지만 나는 이런 열망이 강하였기 때문에 결국 책을 출판할 수 있었으며 지금이라도 이 책을 출판할 수 있게 된 것을 무엇보다 다행으로 생각한다.

반도체 산업은 우리나라의 주요 수출산업으로서 중요한 역할을 담당하고 있을 뿐만 아니라 국가의 미래 운명을 좌우할 수도 있는 중요한 핵심산업이라고 말할 수 있다. 하지만 반도체 산업의 특성상 기술적인 내용이 많고 이해하기 어려운 부분이 많아 사실상 일반 사람들이 접근하기 쉽지 않은 산업이었다. 따라서 나는 최대한 책의 내용을 쉽게 설명하려고 노력하였고 기술적 내용보다 비즈니스 측면으로만 다루려고 노력하였다. 하지만 독자들이 이 책을 읽고 나서 얼마나 반도체 비즈니스에 대해 이해할 수 있게 되었는지 무척이나 궁금하다. 최근 나는 많은 신문들에서 반도체 비즈니스에 관한 기사를 자주 접하게 된다. 이는 분명 반도체 비즈니스에 관해 관심이 있는 사람들이 많아졌다는 의미일 것이다. 무척이나 다행이라고 생각한다. 나아가 이 책을 통해 많은 사람들에게 반도체 비즈니스를 이해하는 데 도움이 조금이라도 될 수 있다면 더 바랄 것이 없을 것 같다고 생각해보게 된다.

마지막으로 이 책이 출판될 수 있도록 많은 도움을 주신 분들에게 고마움을 전하고 싶다. 특히 책을 집필하는 동안 여러모로 도움을 주신 부모님과 같이 지내고 있는 아내 김선영과 아들 권은호에게도 감사의 마음을 전하고 싶다. 책을 집필하는 동안 여러 가지 어려움이 있었지만, 무엇보다 반도체 비즈니스를 이해하기 원하는 독자들을 위해 책을 출판하고 싶은 마음이 간절하였기 때문에 무난히 책의 집필활동을 마칠 수 있었다고 생각한다. 아무쪼록 한국이 반도체 비즈니스에서 더욱 성공적인 국가가 될 수 있도록 조금이나마 보탬이 되고 싶은 마음이 간절하다.

부록

현장 인터뷰

1. 국내에 있는 10년 이상 반도체관련 기업 종사자 20명과 인터뷰를 각각 1시간 정도 실시하였다(2017년 1월부터 2017년 6월까지). 그리고 그들에게 3가지 질문을 하였다. 인터뷰를 실시한 대상자들의 정보는 다음과 같다.

〈인터뷰 대상자〉

직책	주요 경력 회사	반도체 관련 경력	인터뷰 인원
CEO	실리콘파일(현 SK하이닉스), 인피니언, SK하이닉스, UMC	20년 이상	3명
CTO	삼성반도체, SK하이닉스, 아르고, 넥서스칩스, 엠텍비젼, 픽셀플러스, 동운아나텍, 피델릭스, 라온텍, 레이디오펄스(현 Littelfuse), 엠코테크놀로지	20년 이상	9명
기술매니저	삼성반도체, DB하이텍, 텔레칩스, 다빈칩스, 네오피델리티(현 엔시트론), 리코, 온세미컨덕터	10년 이상	6명
컨설턴트	삼성반도체, HR맨파워그룹	15년 이상	2명

Q 1. 종합반도체 기업(IDM 기업)과 전문반도체 기업(팹리스, 파운드리, OSAT 기업)의 장점은 무엇인가?

종합반도체 기업(IDM 기업)의 장점

	이유	답변 내용
1	하나의 솔루션	한 번에 모든 것들을 해결할 수 있음.
2	문제해결 능력	1) 문제가 발생했을 때 시스템회사로서 여러 각도로 문제를 볼 수 있음. 2) 모든 것을 다 진행하기 때문에 문제가 발생한다면 문제를 빨리 분석할 수 있음.

3	규모의 경제	지금 반도체산업은 아이디어만 있다고 되는 것이 아니라 규모의 경제이기에 그들이 유리함.
4	운영에 있어서 유연성	그들의 의지대로 모든 것을 운영할 수 있기 때문에 시장에 빨리 대응할 수 있음,
5	가격	1) 그들은 제조원가를 잘 알기 때문에 그들의 의지대로 가격을 결정할 수 있음. 2) 제조라인을 가지고 있기 때문에 가격경쟁력에서 유리함. 3) 낮은 가격에 제품을 제공할 수 있음.
6	노하우	그들은 디자인, 공정, 패키징과 테스트를 하기 때문에 많은 노하우가 있음.
7	정보	1) 종합솔루션을 보유하고 있기 때문에 모든 인프라 스트럭처를 잘 알고 있음. 2) 그들은 많은 정보를 얻을 수 있음.
8	시장	1) 그들은 시장 트렌드를 이끌 수 있음. 2) 그들은 Turn-key(종합솔루션) 방식으로 제공하기 때문에 시장을 이끌 수 있음. 3) 그들은 시장의 파워를 가지고 있음.
9	수익	1) 그들이 기존시장을 장악하고 있기 때문에 수익에서 더 유리함. 2) 그들은 Turn-key 방식이기 때문에 수익을 이끌어 냄. 3) 그들은 50%이상의 높은 마진을 가짐. 4) 그들은 큰 투자로 높은 보상을 얻을 수 있음.
10	IP	1) 그들은 많은 IP들을 가지고 있기에 더 유리함. 2) 그들은 최신의 IP를 빨리 개발할 수 있음.
11	인재확보	기본적으로 많은 재능이 있는 사람들이 IDM 기업에 가지만 작은 기업은 인재를 고용하기 어려움.
12	납기	그들은 납기에 있어 매우 빠르게 대응할 수 있음.
13	품질	그들은 품질을 철저하게 관리할 수 있음.
14	자본에 의한 투자	1) 그들은 큰 돈을 벌기 때문에 투자할 수 있음. 2) 그들은 큰 투자를 하기 때문에 팹리스 기업이나 파운드리 기업은 한국에서 성장할 수 없음.
15	기술	1) 그들은 Turn-key 방식으로 하기 때문에 자연적으로 기술을 이끌게 됨. 2) 그들은 하이엔드 솔루션을 이끌게 됨. 3) 그들은 팹의 기술력을 보유함.

전문반도체 기업(팹리스, 파운드리, OSAT 기업)의 장점

	이유	답변 내용
1	민첩성	그들은 조직이 유연하여 민첩성이 있음.
2	빠른 대응	그들은 시장에 빠르게 대응할 수 있음.
3	빠른 개발	그들은 제품을 빨리 개발할 수 있음.
4	높은 성장성	그들은 큰 성장에 있어 더 유리함.
5	퍼스트 무버 (First mover)	그들은 First mover 전략에서 IDM 기업보다 우월함.
6	임금	임금이 IDM 기업보다 낮음.
7	로우엔드 솔루션	그들은 로우엔드 솔루션에서 유리하고 원가를 절약할 수 있음.

Q 2. 반도체가 표준화되어 있다고 생각하는가?

응답자	메모리반도체	시스템반도체	답변
No.1	무응답	무응답	공정순서와 팹은 표준화되어 있음.
No.2	표준화되어 있음 (JEDEC)	표준화되어 있지 않음.	CPU는 표준화되어 있음.
No.3	표준화되어 있지 않음.	표준화되어 있지 않음.	같은 제품군이라도 제품과 애플리케이션에 따라 스펙이 다르기에 표준화되어 있다고 말하기 어려움.
No.4	표준화되어 있지 않음.	표준화되어 있지 않음.	메모리반도체라도 PC, 모바일 폰, 자동차 등에 동시에 쓰일 수 없기 때문에 메모리반도체조차도 표준화되어 있다고 보기 어려움.
No.5	표준화되어 있음.	표준화되어 있지 않음.	
No.6	표준화되어 있음.	표준화되어 있음.	회로도가 거의 비슷하기 때문에 시스템반도체도 표준화되어 있음.

No.7	표준화되어 있음.	무응답	팹과 디자인은 표준화되어 있지 않음.
No.8	표준화되어 있음.	표준화되어 있지 않음.	시스템반도체는 ASIC & ASSP 이고 기업들은 그들의 제품을 공개하고 싶어하지 않음.
No.9	표준화되어 있음.	표준화되어 있지 않음.	하지만 시스템반도체도 가격이 하락하면 나중에 표준화됨.
No.10	무응답	표준화되어 있지 않음.	SoC는 성능에서 차이가 나기에 표준화되기 어려움.
No.11	표준화되어 있음.	표준화되어 있지 않음.	
No.12	표준화되어 있음.	표준화되어 있지 않음.	DRAM은 고객의 니즈에 따라 표준화되지만 시스템반도체는 기능이 모두 다르기 때문에 표준화가 어려움.
No.13	표준화되어 있음.	표준화되어 있지 않음.	
No.14	표준화되어 있음 (JEDEC)	표준화되어 있지 않음.	시스템반도체는 많은 옵션에 따라 표준화되어 있지 않음.
No.15	표준화되어 있음 (JEDEC)	표준화되어 있지 않음.	시스템반도체는 마스크가 이전될 수 없어서 표준화되지 않음.
No.16	표준화되어 있음.	표준화되어 있지 않음.	시스템반도체는 커스터마이제이션이 되기에 표준화가 어려움.
No.17	표준화되어 있음.	표준화되어 있음.	메모리반도체와 시스템반도체 모두 고객이 같은 제품을 원하기 때문에 표준화되어 있음.
No.18	표준화되어 있음 (JEDEC)	표준화되어 있지 않음.	시스템반도체는 새로운 제품이 나오기 때문에 표준화가 어려움.
No.19	표준화되어 있음.	표준화되어 있지 않음.	시스템반도체는 애플리케이션마다 다르기 때문에 표준화가 어려움.
No.20	표준화되어 있음.	표준화되어 있지 않음.	시스템반도체는 기업이 제품을 다르게 만들어야 하기에 표준화되어 있지 않음.

Q 3. 삼성반도체와 SK하이닉스가 성공할 수 있었던 이유는 무엇인가?

	이유	답변 내용
1	자본과 투자	1) 그들은 돈을 많이 벌기 때문에 투자할 수 있었음. 2) 그들과 같이 엄청난 돈을 투자할 수 있는 회사가 거의 없기 때문에 성공은 보장될 수 있었음. 3) 그들은 미리 많은 돈을 투자하기 때문에 생산능력에서 강함. 4) 그들이 많은 자본으로 니치 시장에 들어오면 작은 회사들은 가격경쟁력을 가질 수 없음. 5) 그들은 새로운 사이클이 왔을 때 투자를 해서 성공할 수 있었음. 6) 그들은 엄청난 자본을 투자하기 때문에 한국에서 팹리스 기업과 파운드리 기업은 성장할 수 없음.
2	인적자원	1) 그들은 인적자원이 충분하게 있기 때문에 대만과 중국의 도전을 극복할 수 있었음. 2) 작은 회사에서는 재능이 있는 사람을 고용하기 어려우며 좋은 재능을 가진 사람들은 기본적으로 큰 회사에 들어가려고 함. 3) 삼성은 가장 좋은 인적자원을 보유하고 있으며 최고의 엔지니어는 삼성에 들어감. 4) 최고의 사람들이 삼성과 같은 기업에 들어갔기 때문에 성공할 수 있었음. 5) 삼성은 팹리스 비즈니스를 하고 있기 때문에 다른 팹리스 기업의 사람들을 스카우트해 감. 따라서 국내 팹리스 기업은 성장할 수 없음.
3	원가경쟁력	1) 그들은 제조라인을 보유하고 있어서 원가경쟁력에서 유리함. 2) 삼성은 생산원가가 낮기 때문에 가격을 낮추더라도 생존할 수 있었음.
4	기술개발	그들은 공정 로드맵의 개발에서 앞서 있음.
5	치킨게임	1) 그들은 작은 회사들이 도산할 때까지 가격을 낮추어 결국 게임에서 이길 수 있었음. 2) 삼성은 경쟁사를 죽일 때 30%까지 가격이 저렴하였음. 3) 삼성은 일정량의 재고를 확보하고 후발진입자가 시장에 들어올 때 가격을 낮추었음. 4) 삼성은 불황이 왔을 때 경쟁력이 없는 경쟁사를 낮은 가격으로 죽였음.

6	사업다각화	1) 삼성반도체 사업부는 생활가전과 모바일 사업부 등으로부터 고객의 입장에서 사용 후 피드백을 받을 수 있었음. 2) 삼성은 잘 내부화되어 있고 그들의 제품은 자신들의 전자제품에 사용되어 이미 보장되었음. 3) 삼성은 도시바, 소니, LG와 대우 등 전자제품회사들과 경쟁하면서 다양한 정보를 얻을 수 있었기에 성공할 수 있었음. 4) 삼성의 반도체사업부가 적자를 보게 되면 다른 사업부에서 그 적자분을 메울 수 있었음. 5) 삼성은 전문화된 조직으로서 내부에서 모든 것을 함으로써 시너지 효과를 가져올 수 있었음.

2. 다음은 국내에 있는 24개 설계 기업들의 담당자와 2차 인터뷰를 각각 30분에서 1시간 정도 실시하였다(기간은 2018년 3월부터 6월까지). 설계 기업들은 팹리스 기업뿐만 아니라 디자인 하우스, 디자인서비스와 IP 기업들을 포함한다. 조사한 내용은 다음과 같다.

국내 반도체 설계 기업에 대한 정보

No.	기업명	면담자 직함	주요사업 및 고객	기업 형태	비고
No.1	Abov semiconductor	CTO	주요사업: MCU 설계 주요고객: 삼성전자, 중국기업	팹리스	Magnachip으로부터 스핀오프되었으나 현재는 독자 경영
No.2	Dongwoon Anatech	CTO	주요사업: Auto Focus IC, OIS IC, Haptic IC, Power IC 설계 주요고객: 삼성전자, LG전자, 중국기업	팹리스	반도체 무역 비즈니스에서 팹리스 기업으로 발전
No.3	Argo	CTO	주요사업: GlobalFoundries 디자인 하우스와 팹리스 고객에 대한 디자인서비스 주요고객: 삼성전자, 넥스트칩	디자인 하우스 및 디자인서비스	최근 삼성파운드리 디자인 하우스로 편입.

No.4	Fidelix	CTO	주요사업: 한 세대 늦은 로우엔드 메모리반도체 설계 주요고객: 삼성전자, LG전자, 폭스콘	팹리스	메모리반도체 팹리스 기업으로 최근 중국 동심반도체에 인수됨
No.5	CoAsia Nexell (구 넥셀)	Team Leader	주요사업: 삼성반도체 로우엔드 AP개발 및 자체 SoC 설계 주요고객: 삼성전자, 중국기업	팹리스 및 디자인서비스	2019년 코아시아로 인수됨
No.6	RadioPulse	Executive Managing Director	주요사업: RFIC 설계 주요고객: 삼성전자, 일본기업	팹리스	2015년 IXYS로 인수되었다가 2018년 다시 Littelfuse로 인수됨
No.7	Davinchips	Director	주요사업: MCU, Power & Timing Controller IC 디자인 서비스 주요고객: 삼성관련회사, 텔레칩스	디자인 서비스	CEO가 삼성출신
No.8	Raontech	Vice President	주요사업: 웨어러블용 SoC 설계 주요고객: 삼성전자, LG전자, 중국 및 일본기업	팹리스	마이크로 디스플레이 (AR & VR) 분야 특화
No.9	WingCore	CEO	주요사업: Touch controller IC, MCU, Nor Flash, EEPROM & SoC 용 IP제공	IP	중국 Giga Device의 한국 디스트리뷰터(Flash & MCU)
No.10	Maps	Vice President	주요사업: Wireless Charging SoC(Power & RF) 설계 주요고객: 국내, 중국과 미국 기업	팹리스	웨어러블, IoT & Wireless 분야에 적용
No.11	Mtekvision	CTO	주요사업: ISP & Multimedia SoC Module 설계 주요고객: Fine digital, MCNEX	팹리스	칩만으로는 수익이 적어 모듈로 제공 (블랙박스 용)

No.12	N Citron (구 네오피델리티)	CFO	주요사업: Audio AMP IC 설계 주요고객: 국내, 중국과 유럽 기업	팹리스	IC 비즈니스로는 수익이 적어 헬스케어 분야로 진출
No.13	TelAce	R&D Head	주요사업: GPS chip & Module 설계 주요고객: 국내고객	팹리스	선박과 군함용에 특화
No.14	AD chips	Vice President	주요사업: CPU(MCU) & SoC 설계 주요고객: LG전자, 쿠쿠, 중국 기업	팹리스	냉동냉장고 등 다른 사업병행
No.15	Wiznet	Director	주요사업: TCP/IP chip, SoC & Module 설계 주요고객: 국내, 중국, 유럽 및 미국 기업	팹리스	IoT 분야에 적용
No.16	Dialog Semi conductor Korea (구 FCI)	Director	주요사업: 모바일 통신 SoC 설계 주요고객: 삼성전자, LG전자, 일본, 남미, 동아시아 기업	팹리스	2019년 영국 다이얼로그세미컨덕터가 인수
No.17	eWBM	Vice President	주요사업: Security & Image 기능 SoC 설계(IoT용) 주요고객: 삼성관련회사 및 중국 기업	팹리스	IP개발 중
No.18	Neowine	President	주요사업: 다양한 보안분야 SoC 설계 주요고객: 국내, 중국 및 대만 기업	팹리스	소형 Copy Protection IC기술 역량보유, IoT 분야로 확장
No.19	TLI	Executive Director	주요사업: Timing controller 설계 주요고객: LG디스플레이	팹리스	UHD TV에 적용
No.20	IA	Managing Director	주요사업: 각종 자동차용 IC & Module 설계 주요고객: 현대모비스	팹리스	Module 분야에 집중

No.21	Cesign	CEO	주요사업: Audio Sensor Chip과 IP 설계, SoC 디자인 서비스 주요고객: 삼성전자, LG전자	팹리스와 디자인서비스, IP	디자인서비스의 비중이 큰 편임
No.22	Pnp Network	Vice president	주요사업: Digital Radio SoC 설계 주요고객: 현대자동차, 기아자동차, 유럽, 일본 기업	팹리스	자동차 분야에 특화
No.23	3ALogics	CTO	주요사업: NFC Reader IC 설계 주요고객: 삼성전자, LG전자	팹리스	출입통제분야에 집중하고 있으나 IoT와 같은 다른 분야로 확장 중
No.24	Ranix	Director	주요사업: 모뎀 & 보안용 SoC 설계 주요고객: 현대자동차(모비스), 기아자동차, 벤츠(After Market), 보안기업	팹리스	자동차분야에 특화 (하이웨이 패스)